# お姫さま

# お菓子物語

今田美奈子

絵／牧野鈴子

朝日学生新聞社

写真　渡辺英明

## はじめに

　この本は、みなさんがあこがれるお姫さまが愛したお菓子をご紹介する本です。

　少女時代の私は、美しくてきれいなケーキや、さっくりとして軽やかなクッキー、今にもとけてしまいそうな繊細なお菓子をながめていると、はなやかなドレスに身を包んだお姫さまがいつくしんだお菓子にちがいないと想像をふくらませ、うっとりしながら夢の世界にひきこまれていきました。

　大人になるにつれ、そのような幻想はいつしか消えていくのでした。けれどヨーロッパ各国の国立製菓学校へ学びに出かけたとき、何世紀にもわたり伝承されているお菓子に出合い、少女のころに思いえがいた夢が事実であることを知りました。子どものころにながめていた美しい形の焼き菓子や、王妃や貴婦人の名を冠したお菓子は、その時代のお姫さまが実際にかかわったもので、そのレシピは、パーティーメニューの記録として残されていたり、周囲の人々により語り伝えられたりしていたのです。

　この本では、ヨーロッパの中世から現代までのお姫さまをとりあげています。一人ひとりに物語があり、ゆかりのお菓子があります。それをレシピとともに紹介した大変貴重で、楽しい本です。

　この本を読んだみなさんが、お姫さまのように、周囲に幸せを届ける喜びを身につけた人に成長されることを願っています。

# お姫さまお菓子物語　もくじ

はじめに　3

お菓子の材料　6

基本テクニック　7

お菓子の道具
基本の道具　8
お姫さまが愛したケーキ型　9

## 第1章　王への愛をとじこめたお菓子

マーガレット・オブ・アンジュー　マーガレットケーキ　12

ディアーヌ・ド・ポアチエ　月の女神のチーズケーキ　16

カトリーヌ・ド・メディシス　フィナンシェ　20

エリザベス1世　クイーン・エリザベスケーキ　24

ニノン・ド・ランクロ　ニノンのリンゴのタルトレット　28

マントノン侯爵夫人　シャルロット・マントノン　32

マリー・テレーズ・ドートリッシュ　マリー・テレーズ妃のチョコレートババロア　36

ルイーズ・ド・ラ・ヴァリエール公爵夫人　イチゴのタンバル　40

## 第2章 おもてなしの心を届けるお菓子

マリー・レクチンスカ　マドレーヌ　46

ポンパドール侯爵夫人　ポンパドール夫人のアイスクリーム　50

エカテリーナ2世　フレーズ・ア・ラ・ロマノフ　54

マリー・アントワネット　クグロフ　58

ジョゼフィーヌ・ド・ボアルネ　デコレーションケーキ　62

ベッドフォード公爵夫人アンナ・マリア　スコーン　66

コラム　アフタヌーンティー／紅茶の歴史　70

## 第3章 気品と伝統を伝えるお菓子

ビクトリア女王　ショートブレッド　74

エリザベート皇妃　スミレ色のババロア　78

フリードリヒ3世皇后ビクトリア　フリードリヒ皇后トルテ　82

アナスタシア・ニコラエヴナ皇女　パスハ　86

マリー・アグラーエ公妃　バニラ・キュッフェル　90

クリスティーナ・デ・ヴォギュエ伯爵夫人　パン・デピス　94

タニア・ド・ブルボン・パルム　プリンセスの白いムース　98

あとがき　102

# お菓子の材料

お菓子の材料は、とても単純です。焼き菓子は、小麦粉と卵、砂糖、バターが主な材料です。この4つの材料で、スポンジケーキやクッキー、タルトなどができます。デザートやソース類は、牛乳と卵と砂糖が基本の材料です。材料は、レシピ（配合）通りに正確に計量することが大切。計量をまちがえるとおいしいお菓子は作れないので注意！

**オリゴのおかげ**

レシピに使用している「オリゴのおかげ」（シロップ）は、ビフィズス菌を増やして、おなかの調子を良好に保つ甘味料です。スーパーマーケットなどで手に入ります。

# 基本テクニック

お菓子をおいしく作るためにおさえておきたいテクニック

## メレンゲを作る

材料

卵白 …………………… 1個分
グラニュー糖 …………… 30グラム

作り方

ボウルに卵白とグラニュー糖を入れ、泡立て器でふんわり泡立てる。

メレンゲ：泡立てた卵白に砂糖を加えたもの。または、それを焼いたお菓子のこと

## ホイップクリームを作る

材料

生クリーム …………………… 200グラム
グラニュー糖 ………………… 15グラム
（「オリゴのおかげ」の場合…… 15グラム）

作り方

ボウルに生クリームを入れ、ボウルを氷水で冷やしながら、グラニュー糖を少しずつ加え、泡立て器で底をこするように泡立てる。

- 五分立て　泡立て器からトロトロと細く落ちるくらいの固さ
- 七分立て　泡立て器からトロリと落ち、少し積もって、あとがうっすら残る固さ
- 八分立て　泡立て器を持ちあげると、ゆるやかに角が立ち、おじぎするくらいの固さ

# 基本の道具

お菓子作りには、日常使う道具とは別に、お菓子専用の道具をそろえましょう。お菓子は、繊細な香りや舌ざわりを楽しむものですから、においや汚れのない清潔な道具を用意しましょう。

## お菓子の道具

1. ボウル
2. はかり
3. 泡立て器
4. 木べら
5. ゴムべら
6. はけ
7. バット
8. ふるい（裏ごしにも使用）
9. 計量カップ
10. ふるい（小）（仕上げの粉糖をふるう）
11. ケーキ用まな板
12. めん棒
13. ナイフ

# お姫さまが愛したケーキ型

ヨーロッパでは、どんな焼き型を持っているかでその人のセンスがわかるといいます。マリー・アントワネットが愛したクグロフ型や、マリー・レクチンスカが好きだったマドレーヌ型など、見ているだけでも楽しい気分になりますね。

A マーガレット型
B フィナンシェ型
C 丸型
D シェル型
E エンゼル型
F タルト型
G パウンド型
H フラワー型
I クグロフ型
J 丸型（底がぬけるタイプ）

# 第1章 王への愛をとじこめたお菓子

## 戦争に明け暮れた日々 強く優しく

*Margaret of Anjou*

# マーガレット・オブ・アンジュー

1429～82年

マーガレット・オブ・アンジューは、1429年、フランス・ロレーヌ公国のポンタムッソンで生まれました。父は、フランス・ロレーヌ公やアンジュー公であり、イタリア・ナポリ王でもあったルネ・ダンジュー。母は、ロレーヌ公だったシャルル2世の娘イザベルでした。フランス王シャルル7世のきさきマリー・ダンジューのめいにもあたり、ヴァロア＝アンジュー家の血筋でした。

美しく、意志の強い女性に成長したマーガレットは、45年、イングランド王であるランカスター家のヘンリー6世と政略結婚をします。子どもにはめぐまれましたが、結婚生活は幸せなものではなく、精神的に不安定な夫に代わって政務を行う日々でした。ばら戦争（～85年）が起きます。その後、戦に明けくれることになります。55年には、ヘンリー6世がヨーク公のリチャードと対立。61年、エドワード4世が即位。王位を追われたヘンリー6世は、マーガレット妃とともに国外に逃れます。70年には王位をとりもどしたヘンリー6世でしたが、翌年には息子とともに、エドワード4世に殺されてしまいます。マーガレット妃は、ロンドン塔に閉じこめられ、78年にいとこのフランス王ルイ11世に助けられます。長い戦の中で、捕虜の兵士を非情な手段で処罰したともいわれるマーガレット妃は、強い女性の顔を持つ半面、同じ名を持つマーガレットの花を好んで身につけたという話が残っています。花を愛する優しい一面を物語るエピソードです。

82年、マーガレット妃はばら戦争の終結を見ずに、フランス・アンジューの地で、53歳で亡くなります。

# マーガレットケーキ

　白く清らかな花、マーガレット。野に咲く花の愛らしさを感じさせるマーガレットケーキは、アーモンドの風味豊かなバターケーキです。マーガレット・オブ・アンジューの時代からさかのぼり、中世のイタリア、トスカーナ地方を治めていた王の娘、マーガレット姫の名にちなんだ花型は、花びらがうき出るように焼けるのが魅力。ふたひら分を切り分けるとハートの形にも見えて、乙女心をくすぐりますね。

　マーガレットは、西アフリカのカナリア諸島原産といわれるキク科の植物で、名前はギリシャ語の「真珠」に由来します。17世紀にはヨーロッパに渡り、主にフランスで品種改良されました。ヨーロッパ中の少女たちは、みんなこの花で恋占いをして遊びます。もし、マーガレット妃の時代にこの型があったら、きっとマーガレットケーキを作らせ、恋を占ったことでしょう。ただし、このマーガレットケーキで恋占いするときは、「きらい」から始めるのがポイント。「好き」から始めると悲しい結果に……。

## 材料

**17センチマーガレット型1台分**

| | |
|---|---|
| 無塩バター | 90グラム |
| グラニュー糖 | 50グラム |
| （「オリゴのおかげ」の場合 | 50グラム） |
| 卵黄 | 3個分 |
| バター（型ぬり用） | 適量 |
| 薄力粉 | 40グラム |
| コーンスターチ | 40グラム |
| アーモンドパウダー | 140グラム |
| **メレンゲ** | |
| 　卵白 | 3個分 |
| 　グラニュー糖 | 70グラム |
| **仕上げ** | |
| 　マジパン | 適量 |
| 　粉糖 | 適量 |

## 道具

| | |
|---|---|
| 17センチマーガレット型 | ボウル |
| ふるい | 泡立て器 |
| ゴムべら | はけ　など |

## 作り方

1. 型の内側に、溶かしたバターをはけでうすくぬっておく。薄力粉、コーンスターチ、アーモンドパウダーの粉類は合わせて、ふるっておく。

2. ボウルに室温でやわらかくもどした無塩バターとグラニュー糖を入れ、泡立て器でふんわりするまでよくまぜる。

3. 2に卵黄を1個ずつ加え、加えるたびにしっかりまぜ合わせる。

4. 別のボウルに卵白を入れ、グラニュー糖を3回に分けながら入れ、泡立て器でふんわり泡立ててメレンゲを作る。

5. 3の生地に、ふるっておいた粉類を3分の1の量だけ入れ、ゴムべらでまぜる。その中に4のメレンゲを3分の1の量だけ加えてまぜる。同じように残りの粉類とメレンゲを交互に加え、まぜていく。

6. 型に生地を流し入れ、170度に温めておいたオーブンで20～30分焼く。

7. 冷めたらマジパンと粉糖で飾り、仕上げる。

# 美しさと知性を保ち続けた「月の女神」

## *Diane de Poitiers*
## ディアーヌ・ド・ポワチエ

1499〜1566年

フランス中部、ロワール川のほとりに、美しいシュノンソー城がたたずんでいます。代々女性が城主なので「6人の奥方の城」とも呼ばれます。その城主の一人が、ディアーヌ・ド・ポワチエでした。

ディアーヌは1499年、貴族の娘として生まれました。「月の女神ダイアナ」という意味の名にふさわしく、すきとおるような白い肌と、優雅な美しさをたたえる女性へと成長していきました。

15歳のとき、ノルマンディーの領主、ルイ・ド・ブレゼ伯爵と結婚。しかし、32歳のとき夫が亡くなります。夫を亡くしてからのディアーヌは、残された2人の子どもを育てるために、フランソワ1世の息子、アンリ王子（後のアンリ2世）の教育係になります。アンリ王子は、20歳ほども年の差のあるディアーヌに恋心をいだくようになり、王位につくと、彼女にシュノンソー城を与えます。このとき、ディアーヌは50歳でしたが、かがやくような美しさと知性はおとろえることはなく、王の心をとりこにしました。

その後、アンリ王子は、14歳のカトリーヌ・ド・メディシスと政略結婚しますが、ディアーヌへの尊敬と愛は生涯変わりませんでした。

1559年、アンリ2世が亡くなると、カトリーヌ王妃から、自分の城ショーモン城とシュノンソー城とを交換するように命令が下ります。ディアーヌは城を明け渡すと、ショーモン城ではなく、アンリ2世との思い出の地であるアネの城へもどり、余生を送ったということです。

### 月の女神のチーズケーキ

フランス人は、チーズを好んで食べますが、チーズケーキを食べるようになったのは16世紀ごろだといわれます。チーズは、栄養価が高く、胃腸を整えたり、骨をつくったり、健康にとてもよい食品です。当時の記録によると、タルト型のチーズケーキが流行していました。ディアーヌは、美容と健康のためにチーズを食べることを心がけていましたから、このような月の女神を想像させる真っ白なチーズケーキが、ディアーヌの食卓を飾ったことはまちがいないでしょう。

チーズケーキは、火を通す「ベークドチーズケーキ」や「スフレチーズケーキ」と、火を通さない「生のチーズケーキ」に大別できます。この「月の女神のチーズケーキ」は、生タイプに見えますが、実は火を通すタイプのものなんですよ。私が当時の資料をもとに考案したものです。特別にレシピをご紹介しましょう。

## 材料

**16センチタルト型1台分**

| | |
|---|---|
| 無塩バター | 80グラム |
| グラニュー糖 | 40グラム |
| 卵黄 | 小1個分 |
| 薄力粉 | 120グラム |
| A ┌ クリームチーズ | 240グラム |
| │ グラニュー糖 | 35グラム |
| │ （「オリゴのおかげ」の場合 | 35グラム） |
| │ サワークリーム | 55グラム |
| │ 卵黄 | 2個分 |
| └ レモン汁 | 2分の1個分 |
| 生クリーム | 80グラム |
| グラニュー糖 | 8グラム |
| 金ぱく | 少々 |

## 道具

| | |
|---|---|
| 16センチタルト型 | ボウル |
| 泡立て器 | ふるい |
| ゴムべら | めん棒 |
| 食品用ラップ | フォーク　など |

## 作り方

1. ボウルに無塩バターを入れ、室温にもどしてクリーム状にし、グラニュー糖を加えてすりまぜる。

2. 卵黄を加え、ふるっておいた薄力粉を加えて切るようにまぜる。ひとまとまりになったら食品用ラップに包んで、冷蔵庫で休ませる。

3. 生地をめん棒でのばしてタルト型にしき、底の部分にフォークで穴をあける。

4. 170度のオーブンに入れ、うすく焼き色がつくまで焼く。型からはずして、完全に冷ます。

5. ボウルに材料Aのクリームチーズを入れ、やわらかく練って、グラニュー糖、サワークリーム、卵黄、レモン汁の順に加え、泡立て器でまぜる。

6. 冷ましたタルト4に5を入れ、表面をゴムべらなどで平らにならして160度のオーブンで20分ほど焼いて、火を通す。表面に焼き色をつけないように注意！

7. あら熱がとれたら冷蔵庫で冷ます。

8. 生クリームにグラニュー糖を加えて五分立てにする。

9. 冷めたケーキの上に生クリームを平らに流す。

10. 写真のように金ぱくを飾る。

# カトリーヌ・ド・メディシス

## 美食を異国に根付かせた 修道院育ち

### Catherine de Médicis

1519〜89年

ヨーロッパでは、14〜16世紀にかけて、イタリアのフィレンツェを中心にルネサンス文化が花開いていました。その時代に、フィレンツェを実質的に支配していたのがメディチ家です。その後、銀行業で大成功を収め、強大な力を手に入れます。フォークやナイフなどの食器や、テーブルマナーなど、食文化においても大きな足あとを残しました。

フィレンツェで生まれた豊かでおいしいお料理やお菓子は、やがてフランスに持ちこまれ、フランスは「美食の国」という名を手にすることになるのですが、この二つの国を結びつけたのが、カトリーヌ・ド・メディシスです。

1519年、カトリーヌ・ド・メディシスは、フィレンツェの大富豪、メディチ家の大ロレンツォの孫娘として生まれました。早くに両親が亡くなり、カトリーヌは修道院で過ごすことになります。修道院生活は、厳しくもありましたが、高価な献上品にめぐまれ、美しいマナーや教養を身につけることができました。

14歳のとき、フランスのアンリ王子（後のアンリ2世）と結婚。カトリーヌ妃は、最高級の材料を使ったお料理やお菓子を用意してお客さまをもてなし、食事では銀のナイフやフォークを使うマナーを習慣づけます。当時のフランス王たちは、手づかみで食べていたというのですから驚きですね。

アンリ2世が、不慮の事故で亡くなると、息子のシャルルを支える日々を送ります。波瀾万丈の人生を送ったカトリーヌ妃は、89年、69歳でこの世を去ります。

## フィナンシェ

フィナンシェは、フランス語で「お金持ち」や「銀行家」という意味を持つ焼き菓子です。

カトリーヌ・ド・メディシスが、アンリ王子と結婚したときに、いっしょにイタリアの食文化がフランスへ持ちこまれました。

生家のメディチ家は、銀行家としても成功を収めていましたので、お金の形をしたお菓子が生まれたともいわれています。長方形で、黄金色にかがやくフィナンシェは、色も形もまさに金塊のよう。ユーモアに富んだイタリア人らしいお菓子ですね。

特徴は、たっぷりのバターが使われていること。バターは、焦がして使います。焦がしバターを「ブール・ノワゼット（ヘーゼルナッツ・バター）」と呼びますが、ヘーゼルナッツのような実の色や香りが出るくらいまで焦がしたバターだからです。このひと手間が加わることで、甘くて香ばしい香りが生まれるのです。

カトリーヌ妃の食卓には、ワインの香りが高い上品な口あたりのサバイヨンや、食べやすいフィナンシェ、繊細なソルベ（シャーベット）などのデザートが、銀のフォークなどとともに並べられました。銀器が並ぶテーブルは、星がかがやく夜空のようだったといわれています。

## 材料

### フィナンシェ型20個分

| | |
|---|---|
| 無塩バター | 65グラム |
| 卵白 | 2個分 |
| グラニュー糖 | 50グラム |
| アーモンドパウダー | 30グラム |
| 薄力粉 | 30グラム |
| バニラオイル | 少々 |

※焼き菓子には「バニラオイル」、冷菓用には「バニラエッセンス」を使います。

## 道具

- フィナンシェ型
- 小なべ
- 泡立て器
- ボウル
- ふるい　など

## 作り方

1. 小なべに無塩バターを入れ、弱火で溶かし、軽くまぜながら、色がうっすらと茶色に色づくまで焦がす。そのまま冷ましておく。

2. ボウルに卵白を入れ、泡立て器で軽くほぐし、グラニュー糖を加えてまぜる。

3. 2のボウルの中に、ふるいにかけたアーモンドパウダーと薄力粉を加えてまぜ合わせ、冷ましておいた1の無塩バターを加える。

4. 3にバニラオイルを少々加えて、室温で1時間ほどねかせる。

5. 生地を型に流し入れ、190度に温めておいたオーブンで15分焼く。

## 政治も文化も、ひとりで国を支えた

### Elizabeth I
# エリザベス1世

1533～1603年

イギリス繁栄の基礎を築いた女王、エリザベス1世は、1533年、ヘンリー8世の王女として生まれます。2歳のとき、母アン・ブーリンが処刑されてしまいます。その後、王位継承をめぐる問題など、さまざまな困難にあい、ロンドン塔の牢獄に入れられたこともありました。

しかし、58年、母親ちがいの姉メアリー1世が亡くなると、チューダー朝第5代国王として王位につきます。それは、エリザベスが25歳のときでした。小さいころから、学問に優れた才能をみせていましたから、若くて才能あふれる女王の誕生を、イギリス国民は喜んでむかえました。

エリザベスは宗教改革に取り組み、政治手腕を発揮していきます。88年には、大国スペインの無敵艦隊を破り、その結果、当時小国にすぎなかったイギリスを一躍歴史の表舞台へおしだしました。一方で、シェークスピアなどの作家を保護したり、建築や工芸、装飾に、ゴシック様式とルネサンス様式をまぜ合わせた「エリザベス様式」というスタイルを生みだしたりと、重厚で豪華な文化をつくりあげました。

イギリスを代表するお菓子に、ドライフルーツがたっぷり入った「フルーツケーキ」や、さっくりした歯ざわりの「パイ」があります。それらは、エリザベスの時代に盛んに作られたといわれます。政務の合間に、紅茶とお菓子で疲れをとったのでしょう。

生涯独身をつらぬき、男性をこえるような精神力と統率力で、イギリスを支えたエリザベス。偉大なるイギリスの女王は、69歳で永遠の眠りにつきました。

## クイーン・エリザベスケーキ

イギリスの基盤を築いたエリザベス1世。16世紀のイギリスでは、その繁栄を表すように、たくさんの種類のドライフルーツや香辛料を加えて焼きあげるタイプのケーキが盛んに作られていました。世界中から届けられるブドウやオレンジピール、レモンピールなどのドライフルーツや木の実は、栄養価が高く、大変貴重なものでした。

「クイーン・エリザベスケーキ」は、しっとりとしたバターケーキの中にドライフルーツがたっぷり入ったフルーツケーキです。ドライフルーツがたくさん入るほど焼きにくいので、作るのは大変ですが、それだけ価値があるわけです。エリザベスはこのケーキをとても愛し、女王自らも焼いたという記録が残されています。

さまざまなお祝いの日のケーキや、ウエディングケーキの内側にはこのフルーツケーキが使われていて、今も親しまれています。おめでたい席ばかりではなく、古くから日常生活の中でも、紅茶を飲みながらいっしょに食べられていました。時空をこえて今でもイギリス人に最も愛されているお菓子なのです。

## 材料

### パウンド型1本分

| | |
|---|---|
| 無塩バター | 100グラム |
| グラニュー糖 | 100グラム |
| 卵 | 2個 |
| 薄力粉 | 120グラム |
| ベーキングパウダー | 3グラム |
| 洋酒づけドライフルーツ（レーズン、オレンジピールなど） | 300グラム |

## 道具

- パウンドケーキ型
- ボウル
- ふるい
- 泡立て器
- 軽量スプーン
- 菜ばし
- ゴムべら
- クッキングシート　など

## 作り方

1. 無塩バターは、室温でやわらかくしておく。

2. 薄力粉とベーキングパウダーを合わせて、ふるいにかける。大さじ2を別にとり分けておく。

3. ボウルに無塩バターとグラニュー糖を入れ、泡立て器で白っぽく、ふんわりするまでよくすりまぜる。

4. 卵を割ってほぐし、3に少しずつ加えてまぜる。このとき、バターと卵が分離しないように注意！

5. 2でふるった薄力粉とベーキングパウダーを4に加え、ゴムべらでさっくりまぜ合わせる。

6. 2でとり分けておいた薄力粉とベーキングパウダーをドライフルーツにまぶし、5と合わせる。

7. 紙をしいた型に生地を流し入れ、180度で約30分、その後、160度に下げて15分焼く。

## 美しく自由に生き、芸術家をもり立てる

*Ninon de Lenclos*

# ニノン・ド・ランクロ

1620〜1705年

1620年、ニノン・ド・ランクロ（本名はアンヌ・ド・ランクロ）は、フランス中西部、トゥーレーヌ地方の貴族の娘として生まれました。ロワール川の中流域にあるこの地方は、中世のころから王さまや貴族たちが競ってお城を建て、多くの芸術家が集まるようなはなやかな場所でした。そのような環境の中で、ニノンは貴族のお姫さまとして、かしこく、美しい娘に育っていきました。

しかし、ニノンが15歳のとき、両親が亡くなっていきました。天涯孤独の身となったニノンは、自分の力だけで生きていかねばならなくなりました。生まれながらの美しい容姿、優雅なふるまい、高い教養、リュートなどの楽器もひきこなした彼女の魅力にひかれて彼女を得ます。暮らしぶりは質素でしたが、経済的な後ろだてをサロンには、多くの人が集まりました。劇作家のモリエールや、小説家のボルテール、詩人のラ・フォンテーヌなどの芸術家をはじめ、貴族のコンデ公もニノンのファンだったといいます。

フランスは、ルイ14世が治める時代。またたく間に貴族の男性たちをとりこにしたニノンは、作家や画家など、うもれていた才能ある人を見つけ出しては、ベルサイユ宮殿へ出入りできるようにしました。彼女の新しいものを生み出す企画力や行動力は、フランスの活性化のために大いに役立ちました。芸術家の価値を高め、フランスが「文化の国」としての地位を確立する上で大貢献をした一人といえるでしょう。

80歳近くになっても老けこまず美しかったというニノン。結婚という形にしばられず、自由に生きたニノンは、85歳で永遠の眠りにつきました。

## ニノンのリンゴのタルトレット

「タルト」というのは、器の形をしたクッキー地に、クリームや果物などを盛りつけたお菓子のことです。タルト菓子には大小ありますが、大きいものを「タルト」、小型のものを「タルトレット」と呼びます。

ニノン・ド・ランクロのサロンでは、新鮮な果物を使ったお菓子がたびたびふるまわれました。このリンゴのタルトレットも、果物が豊富にとれる地方で生まれたといわれるニノンらしいお菓子といえるでしょう。

リンゴは、栄養価が高く、血液をサラサラにしてくれたり、老化を防いでくれたり、健康や美容によい果物です。ヨーロッパでも16世紀ごろには、リンゴは体によいと知られていました。ベルサイユ宮殿という豪華さや、ぜいたくになれっこになっていた貴族たちには、はでさはありませんが、健康的で、素朴なリンゴのタルトレットは、魅力的だったのです。

秋、赤く実った、みずみずしいリンゴを使ったタルトは、心にやすらぎを与えてくれるものとして、フランスを代表するお菓子になりました。

## 材料

**7センチタルトトレット8個分**

| | |
|---|---|
| 市販のタルトカップ（生地） | ……… 8個 |
| リンゴ（紅玉） | ……………… 2個 |
| A ┌ グラニュー糖 | ………… 100グラム |
| 　（「オリゴのおかげ」の場合 ……80グラム） | |
| 　└ 水 | ……………… 200グラム |
| B ┌ 卵黄 | ……………… 2個分 |
| 　│ グラニュー糖 | ………… 50グラム |
| 　│ 薄力粉 | ……………… 25グラム |
| 　│ 牛乳 | ……………… 250グラム |
| 　│ バニラビーンズ | ………… 2センチ |
| 　└（ない場合はバニラエッセンス ……少々） | |
| リンゴジャム | ……………… 大さじ3 |
| ホイップクリーム | ……………… 適量 |
| ピスタチオ | ……………… 適量 |

## 道具

| | | |
|---|---|---|
| ナイフ | なべ | |
| ボウル | 泡立て器 | |
| バット | しぼり袋 | など |

## 作り方

1. リンゴはナイフで皮をむき、くし形に12等分に切る。

2. なべにAの材料のグラニュー糖、水を入れて、ふっとうさせ、シロップを作る。

3. 2にリンゴを入れ、弱火で15分ほど煮る。

4. 3をボウルなどに移し、シロップごと冷やす。

5. なべにBの材料の牛乳を入れ、バニラビーンズからしごきだした種を加え、火にかける。ふっとう直前で火を止める。

6. 卵黄、グラニュー糖をよくすりまぜる。その中にふるいにかけた薄力粉を加えてよくまぜ、5を加える。

7. 6をなべにもどし、火にかける。フツフツとふっとうし、トロッとしたら火を止め、バットなどに移して、しっかり冷やす。

8. タルトカップにリンゴジャムを少し入れ、7のカスタードクリームをしぼり入れ、その上に4のリンゴを置き、ホイップクリーム、ピスタチオを飾る。

## 優しくおしゃべり上手、オーブン発明

*Marquise de Maintenon*

# マントノン侯爵夫人

1635〜1719年

1635年、フランソワーズ・ドービニェは、フランス西部の町、ニオールの監獄で生まれました。父のコンスタン・ドービニェが、敵国イギリスに通じていたため投獄されていたのです。母のジャンヌ・ド・カルディヤックは、看守の娘でした。

早くに両親を失ったフランソワーズは、老作家のスカロンと結婚。貧乏な結婚生活でしたが、彼女の優しい人柄と楽しい話術で、お客さまがたえませんでした。お肉がなくて困ったとき、「奥さま、もう一つお話をなさってください。そうすればお話に夢中になってお肉がないことにみなさま気づかないでしょう」と従者がいったというエピソードが残っています。

夫の死後、ルイ14世の子どもたちの養育係として宮廷に入ります。社交術のすばらしさを王さまに認められたフランソワーズは、マントノンの名前と侯爵夫人の爵位、財産を得ます。その資金で貧しい貴族の娘を教育する王立学校を創設し、礼儀や作法を教えました。ベルサイユ宮殿のサロンは、優しい人柄と機知に富んだ会話で、いつもにぎわっていました。

また、お料理やお菓子作りが好きなマントノン夫人は、オーブンを発明した人としてフランスの百科事典に残っています。数々のオーブン料理や、めずらしいデザートが登場したときの王さまの驚きの声が聞こえてきそうですね。

83年、王妃マリー・テレーズが亡くなると、ルイ14世は、マントノン夫人と結婚。しかし、身分ちがいの結婚は、公にされることはありませんでした。1715年、ルイ14世が亡くなると、後を追うように、19年、83歳の生涯を静かに閉じました。

## シャルロット・マントノン

リボンを結んだ帽子のようなシャルロット・マントノン。スポンジシートで縁どりしたケーキの中には、香ばしいアーモンドをまぜこんだチョコレートクリームがぎっしりつまっています。このチョコレートクリームは、ゼラチンを使わず、チョコレートと泡立てたバター、生クリームで固めています。

チョコレートは、ルイ14世のきさきだったマリー・テレーズ・ドートリッシュが、結婚のときにスペインからベルサイユ宮殿に持ちこんだものだといわれ、またたく間にヨーロッパ中に広がりました。マリー・テレーズが亡くなった後、ルイ14世と結婚したマントノン夫人は、王妃の死を悲しむ王さまの心をなぐさめるために、マリー・テレーズゆかりのチョコレートを使ったお菓子を作りました。それがこのシャルロット・マントノンです。温かで、ユーモアに富んだマントノン夫人の人柄を伝えるお菓子です。

## 材料

### 15センチ丸型1台分

**スポンジシート**
- 卵 …………………………… 3個
- グラニュー糖 ………… 70グラム
- 薄力粉 ……………… 60グラム
- バター ……………… 25グラム

**フィリング（中につめるもの）**
- 皮つきアーモンド …… 40グラム
- スイートチョコレート
  …… 100グラム
- バター ……………… 60グラム
- 生クリーム ………… 240グラム
- 粉糖 ………………… 60グラム

**仕上げ**
- 粉糖 ……………………… 適量

※「フィリング」……ケーキなどにつめたり、はさんだりするもの

## 道具

- 15センチ丸型
- 泡立て器
- クッキングシート
- リボン　など
- ボウル
- ふるい
- ナイフ

## 作り方

1. ボウルに卵とグラニュー糖を入れ、湯せんにかけて温め、白っぽく、もったりするまで泡立てる。

2. 1の中に、ふるいにかけた薄力粉と溶かしたバターを加え、さっくりとまぜる。

3. 2をクッキングシートをしいた天パンに流し入れ、180度のオーブンで12〜15分焼く。

4. 皮つきアーモンドは、オーブンで香ばしく空焼きし、あらくきざむ。

5. スイートチョコレートは、湯せんにかけて溶かす。

6. バターと粉糖を泡立て器でよくすりまぜる。

7. 6がふんわりしたらその中に4と5を加える。

8. 生クリームを六分立てに泡立て、7に加え、まぜ合わせる。

9. スポンジシートを直径8センチの丸型に2枚ぬき、残りは8センチ×4センチの長方形に切る。

10. 長方形のスポンジを型の内側にはりつけるように並べて、底に丸型のスポンジを1枚しく。

11. 10の中にフィリングをつめ、残りの丸型のスポンジでふたをし、冷蔵庫で冷やし固める。

12. 皿に型の底を上にしてのせて型をはずし、上から粉糖をふり、写真のようにリボンを結ぶ。

## 地味でひたすらチョコと王さまを愛した

*Marie Thérèse d'Autriche*

# マリー・テレーズ・ドートリッシュ

### 1638〜83年

1638年、マリー・テレーズ・ドートリッシュは、スペインのマドリード郊外にあるエル・エスコリアル宮殿で生まれました。父はスペイン王フェリペ4世、母はフランス王アンリ4世とマリー・ド・メディシスの娘イサベル・デ・ボルボンという、王家の血を引くお姫さまでした。

60年、マリーが21歳のとき、フランス王ルイ14世と結婚。スペインとフランスとの政略結婚でした。最初のころは、仲がよく、子どもにもめぐまれましたが、政治や文学に興味がなく、あかぬけないマリーに対して退屈さを感じ始めた夫は、次第に離れていきました。おとなしい性格で、気の利いた会話もできない上、フランス語も上手に話せなかったマリーは、王妃でありながら宮廷のサロンから遠ざかるようになっていました。そんなマリーの心の救いは、ルイ13世妃であり、父の姉にあたるアンヌ・ドートリッシュの存在でした。アンヌといっしょにスペインから持ちこんだチョコレートを食べながら、故国スペインの話をすることがただ一つの楽しみだったのでしょう。アンヌが亡くなると、宮廷のはなやかさとは対照的に、孤独で、さびしい暮らしを送ったといいます。

82年、ルイ14世は、政府と宮廷をパリ郊外のベルサイユ宮殿に移します。マリーにささげられた宮殿でしたが、実際の女主人はほかの女性でした。

83年、かがやかしいフランスの基礎をつくったルイ14世の陰にかくれるように生きたマリーは、病気のためにこの世を去ります。夫を愛し続けたマリーの死の床で、ルイ14世は後悔の涙を流しました。

37

## マリー・テレーズ妃のチョコレートババロア

チョコレートは、カカオ豆をいって粉にしたものに、牛乳、バター、砂糖などを加え、練り固めたものです。ところが、このチョコレート、最初は飲み物だったのです。体によくて、女性を美しくすると考えられていましたから、お姫さまたちに大人気でした。

原料であるカカオ豆は、紀元前から中央アメリカで栽培が始まり、14〜16世紀のアステカ（今のメキシコ）では、チョコレートを飲めば元気が出るので、「神さまの食べ物」と呼んでいました。

アステカを支配したスペイン人コルテスによって、1528年にスペインへもたらされました。砂糖を加えて甘い飲み物「チョコレート」になりました。その後、スペインからフランスへと伝えられていきます。王女マリー・テレーズが、フランス王ルイ14世と結婚するときにももちろん持っていきました。

マリー・テレーズは、「私が大好きなのは、チョコレートと王さま」といつもいっていましたから、チョコレートババロアは、ルイ14世への愛の証しだったのですね。

## 材料

6人分

| | |
|---|---|
| 卵黄 | 3個分 |
| グラニュー糖 | 60グラム |
| （「オリゴのおかげ」の場合 | 60グラム） |
| 牛乳 | 250ミリリットル |
| スイートチョコレート | 80グラム |
| 生クリーム | 250グラム |
| 板ゼラチン | 10グラム |
| ホイップクリーム | 適量 |
| フルーツ | 適量 |
| ミントの葉 | 適量 |

## 道具

- フラワーケーキ型
- ボウル
- ナイフ
- 泡立て器
- なべ
- ざる
- しぼり袋　など

## 作り方

1. 板ゼラチンは、しばらく水につけて、ふやかす。

2. スイートチョコレートは、細かくきざんでおく。

3. ボウルに卵黄とグラニュー糖を入れ、泡立て器で白っぽくなるまですりまぜる。

4. なべに牛乳を入れ、ふっとうする直前まで温め、3のボウルへ入れ、よくまぜる。再びなべにもどし、弱火でとろみがつくまで、かきまぜながら温める。

5. とろみがついたら火を止め、ゼラチンの水気を切り、なべへ加える。熱いうちにチョコレートを加え、よくまぜる。チョコレートが溶けたら、ざるでこして、氷水などにあて、よく冷やす。

6. 別のボウルに生クリームを入れ、泡立て器でふんわりと泡立て、5に加え、よくまぜる。

7. 型に流し入れ、冷蔵庫で冷やし、固める。

8. 生地が固まったら、型ごとぬるま湯にさっとつけて、型から皿の上にとり出し、写真のようにホイップクリーム、フルーツ、ミントで飾りつける。

## 太陽王と運命的な恋、そして修道院へ

### *Louise de La Valliere*
# ルイーズ・ド・ラ・ヴァリエール公爵夫人

1644～1710年

ルイーズ・ド・ラ・ヴァリエール公爵夫人は、太陽王と呼ばれたフランス王ルイ14世（1638～1715年）に愛された女性です。

1644年、フランス中部の町、トゥールの荘園で生まれたルイーズは、ブロンドの髪、すきとおるような肌を持った美しい女性に成長します。その青い目に見つめられるだけで、男性たちは心をうばわれました。

ルイーズが、ルイ14世に出会ったのは17歳のとき、星がふる夏の夜のことでした。その夜、ベルサイユ宮殿では、舞踏会が催され、バレエが上演されました。出演することになっていたルイーズは、バレエを見にきたルイ14世と運命的な出会いをします。

二人の仲はむつまじいものでしたが、あるとき、ささいなことでけんかをしてしまいます。仲なおりに来ない王さまに絶望したルイーズは、修道院へ入ってしまいます。あわてたルイ14世は、馬を走らせてむかえにいき、愛情の深さを示したという話が残されています。

その後、ルイーズは、ルイ14世からおくられた館で幸せな日々を送ります。その館で考案されたのが、「シャルロット・ド・ラ・ヴァリエール」や、「イチゴのタンバル」などのお菓子です。シンプルに見えるお菓子ですが、中には季節の果物が秘められていて、ルイ14世を大いに喜ばせました。

しかし、次第にルイ14世は、別の女性に心を移してしまいます。王の心変わりを悲しんだルイーズは、再び修道院に逃れますが、再び王がむかえにくることはなく、生涯を修道院で送ったといわれます。

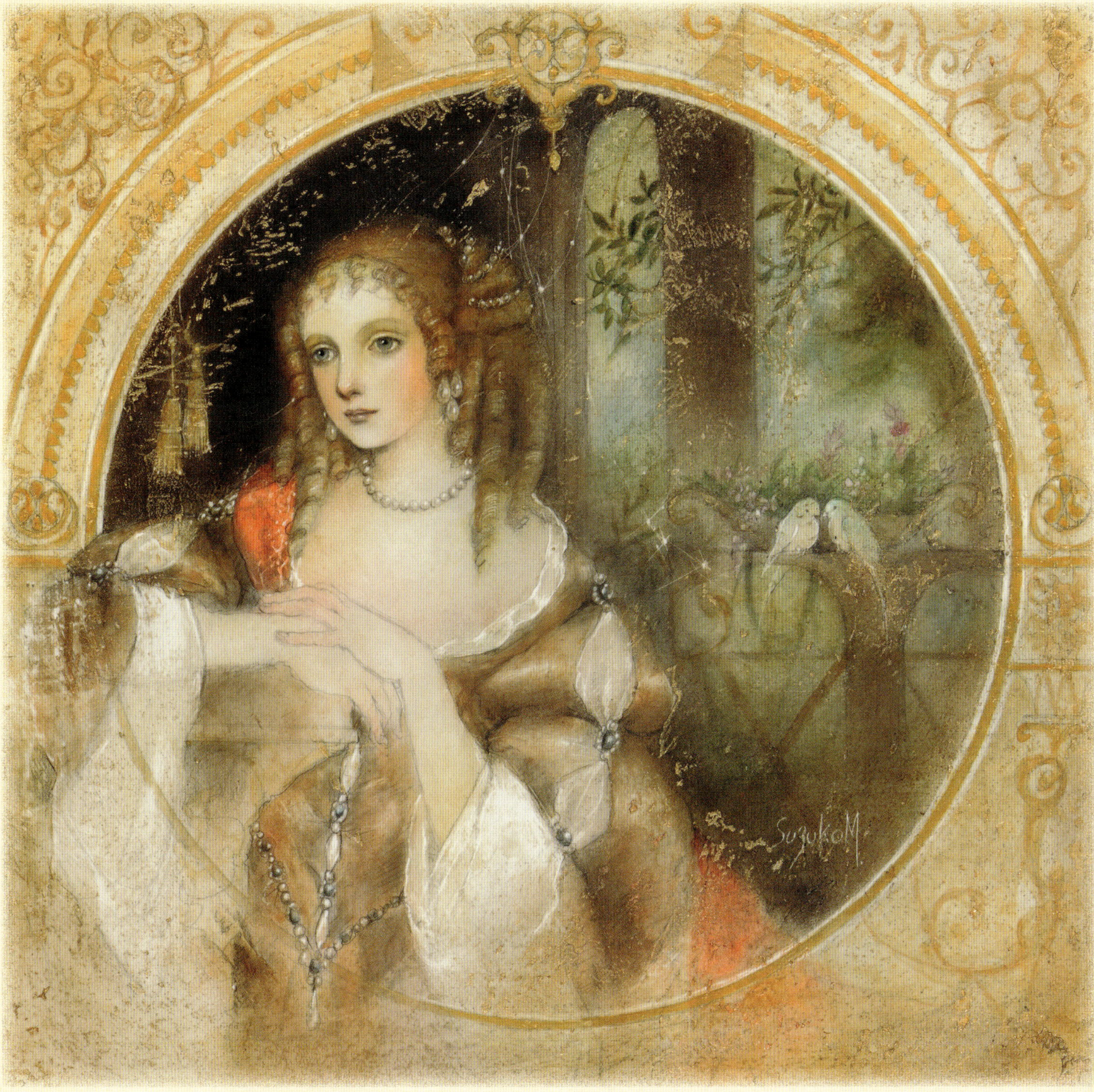
SuzukoM.

## イチゴのタンバル

赤いイチゴと白い生クリームの対比が美しい「イチゴのタンバル」は、ショートケーキの元祖といわれ、ルイーズが考えたものです。

ヨーロッパでは、18世紀に入るとオーブンが普及し、盛んにスポンジケーキが作られるようになりました。「イチゴのタンバル」は、フランスのベルサイユ宮殿からドイツへ、そしてアメリカへ伝えられると、一般の人たちにも大人気でした。

昔から農業国だったフランスでは、良質の小麦粉や牛乳、バターが手に入りやすく、ベルサイユ宮殿には、季節の果物もたくさん届けられました。春を知らせるイチゴをたくさん使ったこのお菓子は、貴婦人たちの社交の場をさぞ明るくさせたことでしょう。

「タンバル」というのは、お菓子作りに使われる型のことで、「太鼓」という意味です。もともとの形は、スポンジをくりぬいた中にイチゴと生クリームをつめたお菓子ですが、ここでは作りやすい形のものをご紹介しますね。

## 材料

**12センチ丸型1台分**

```
市販のスポンジケーキ12センチ ……1台
A ┌ グラニュー糖 …………………50グラム
  └ 水 ……………………100ミリリットル
B ┌ 生クリーム ………………180グラム
  └ グラニュー糖 ………………10グラム
イチゴ ………………………5〜6粒
C ┌ グラニュー糖 ……………小さじ1
  └ グランマニエ酒 …………小さじ1
```

## 道具

```
12センチ丸型
なべ
ボウル
泡立て器
ナイフ
はけ
パレットナイフ
しぼり袋
口金（星形） など
```

## 作り方

1. なべに材料Aのグラニュー糖と水を入れて煮立たせ、グラニュー糖が溶けたら火を止め、冷まして、シロップを作る。

2. 材料Bの生クリームにグラニュー糖を加え、八分立てになるまで泡立てる。できあがった生クリームは、フィリング用に60グラム分けておく。

3. へたをとったイチゴをたて半分に切り、材料Cのグラニュー糖とグランマニエ酒をふりかける。

4. フィリング用に分けておいた生クリームと3をさっくりとあえる。

5. スポンジを横半分に切り、断面に1のシロップをぬり、4のフィリングをはさむ。

6. 側面にも軽くシロップをぬり、生クリームをパレットナイフでぬる。

7. 残りの生クリームをさらにしっかり泡立て、星形の口金をつけたしぼり袋に入れて、デコレーションする。飾りにへたをとったイチゴをのせてもよい。

## 第2章 おもてなしの心を届けるお菓子

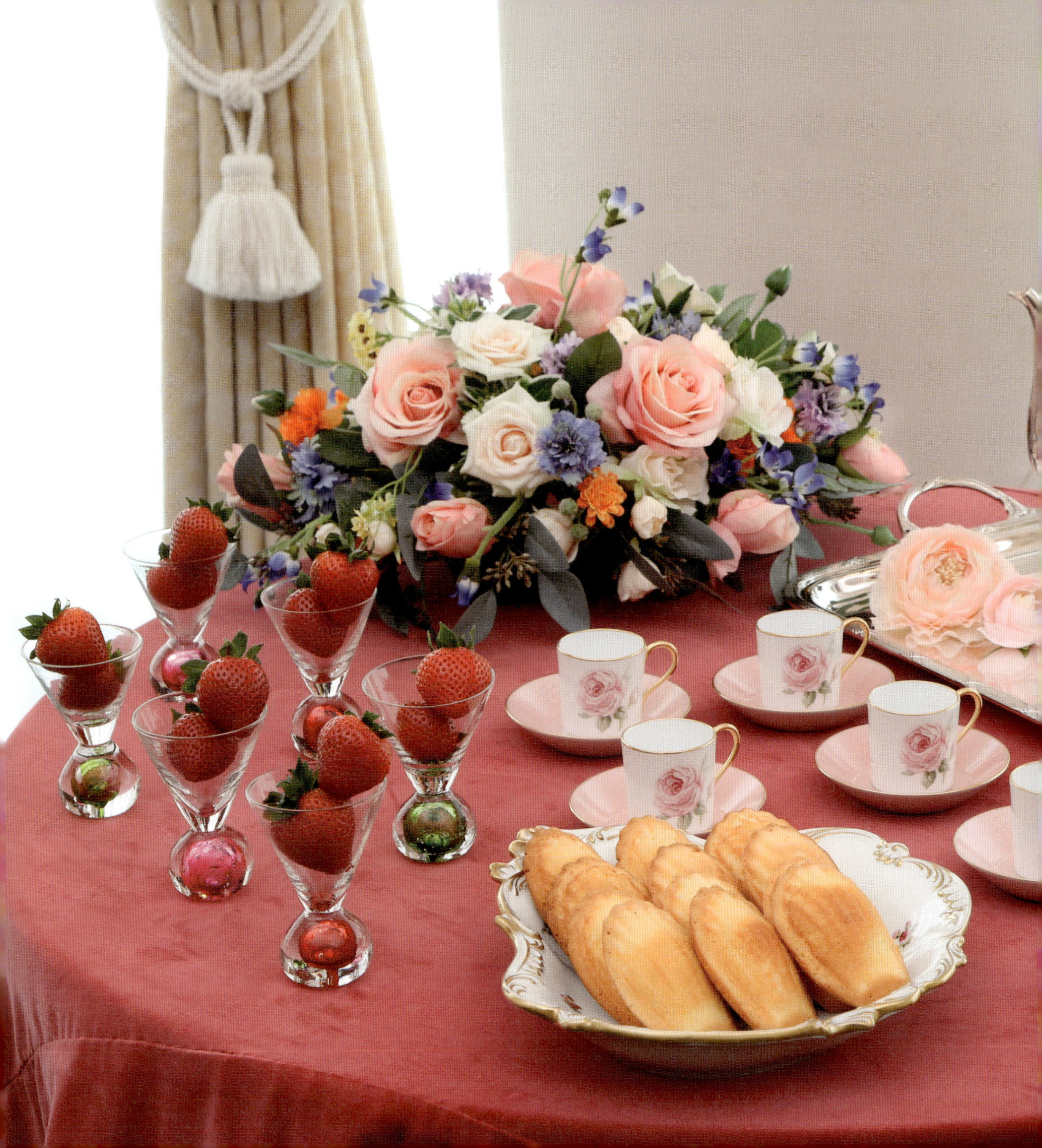

## すべては王の心をつなぎとめるため

*Marie Leszczyńska*

# マリー・レクチンスカ

1703～68年

マリー・レクチンスカは1703年、スタニスラス・レクチンスキーの娘として誕生します。父スタニスラスは、04年にポーランド王になりますが、後ろだてのスウェーデンがロシアに敗れてしまい、5年で王座を追われてしまいます。その後、フランスに亡命。娘のマリーをルイ15世の王妃にし、ロレーヌ地方を治めることになります。スタニスラスは美食王としても有名でした。

ルイ15世のきさきになったマリー・レクチンスカは、夫より7歳も年上でした。結婚当初は、子どもにもめぐまれ、幸せに暮らしていましたが、若くて美しいルイ15世は、ほかの女性に次々に心を移してしまいます。ポンパドール侯爵夫人やデュ・バリー伯爵夫人との恋は有名です。

ルイ15世の心が娘から離れていくことを心配した父は、ルイ15世の気持ちをつなぎとめるために、おいしいものを次々に届けました。その料理やお菓子をルイ15世が少しでも気に入ると、マリー・レクチンスカは夫を喜ばせるために、毎日のように同じものを作らせたといわれます。

貝の形をした黄金色にかがやく「マドレーヌ」や、ボローバンという器の形のパイに料理をつめた「ブッシュ・ア・ラ・レーヌ」、そして、今でも人気が高い、お酒入りのシロップにひたしたイースト菓子「ババ（サバラン）」などは、父の娘への愛が生み出したお菓子です。

ルイ15世に愛されたくて作らせたお菓子は、やがてヨーロッパ中に広がり、多くの人々に親しまれるようになりました。夫を心から愛したマリー・レクチンスカは、65歳でこの世を去ります。

47

## マドレーヌ

マドレーヌは、小さい貝の形をした焼き菓子で、フランスを代表するお菓子です。

起源については、マリー・レクチンスカの父、スタニスラス・レクチンスキーに由来しているというお話が有力です。パーティーの準備中に、宮廷の菓子職人がやめてしまい、かわりに若い召使のマドレーヌが即興で焼き菓子を作りました。このお菓子をスタニスラス・レクチンスキーがとても気に入り、召使の少女の名をつけたともいわれます。

マドレーヌは、ベルサイユ宮殿に住むマリー妃にも届けられ、大評判になります。

貝の形は、絵画「ビーナスの誕生」（ボッティチェリ作）にも見られるように、縁起がよい形と考えられていて、当時の文化や芸術の象徴でした。貝がらのうずまきに似た曲線を装飾に使う「ロカイユ（ロココ）」様式は、ルイ15世時代のフランスに始まり、ヨーロッパ中に広がります。

父から娘に届けられた「ブッシュ・ア・ラ・レーヌ」「ババ」などとともに、マドレーヌは、時空をこえて生き続けているお菓子です。

## 材料

**シェル型18個分**

| | |
|---|---|
| 薄力粉 | 150グラム |
| グラニュー糖 | 150グラム |
| 卵 | 3個（約150グラム） |
| 無塩バター | 150グラム |
| バニラオイル | 少々 |
| バター | 適量 |

※ 薄力粉・グラニュー糖・卵・無塩バターは※印でくくられている

※「四同割」……4つの材料（バター、砂糖、卵、小麦粉）を同量ずつ合わせること

## 道具

- シェル型
- ボウル
- はけ
- ふるい
- 泡立て器
- あみ　など

## 作り方

1. やわらかくしたバターをシェル型にはけでぬる。無塩バターは溶かしておく。

2. ボウルに薄力粉とグラニュー糖を合わせて、ふるい器でふるい入れる。

3. 卵を入れて、泡立て器でゆっくりまぜる。

4. 全体がなじんだら、さらに力を入れ、よくまぜる。

5. 溶かしておいた無塩バターをゆっくり加え、さらにバニラオイルも加える。

6. 全体につやが出て、泡立て器の筋が残るぐらいまで、しっかりと生地をまぜる。まぜおえたら、生地を常温で1時間ねかせる。

7. シェル型に生地を9分目ぐらいまで入れ、165度に温めておいたオーブンで約20分焼く。焼きあがったら熱いうちに型からはずし、あみの上で冷ます。

## 華麗なる美の女神、宮廷の文化大臣

### Marquise de Pompadour

# ポンパドール侯爵夫人

1721～64年

18世紀、ルイ15世が治めていたフランスは、どの国よりも華麗にかがやいていました。その中心であるベルサイユ宮殿で、「美の女神」とあがめられていたのがポンパドール侯爵夫人です。

1721年、ジャンヌ・アントワネット・ポワソンは、銀行家の娘としてパリに生まれました。9歳のとき、占師に「いつの日か国王に愛される人になる」と予言されます。平民という身分でしたが、貴族の子女以上の教育を受けて育ちます。

41年、財産家のデティオールと結婚。セナールの森の館で過ごすようになった夫人は、狩りに来ていたルイ15世の目にとまります。45年、23歳のとき、夫と別居。ルイ15世の元にむかえられました。そして、ポンパドールと名を改め、侯爵夫人の地位を得ます。知性にも優れ、たくみな話術やおもてなしのセンスを発揮するポンパドール夫人は、宮廷での文化大臣のような役目をみごとに果たしていきました。

彼女が残した業績の中でも特にすばらしいのは、磁器の「セーブル焼」を生み出したことでしょう。華麗で、気品のある「ローズ・ポンパドール」(ポンパドールピンク)は、ロココ時代の傑作です。もちろんお菓子の分野にも大きな影響を与えました。「ア・ラ・ポンパドール・ムラング・ア・ラ・ポンパドール」(ポンパドール風)のように、「ア・ラ・ポンパドール」という名前がついたお菓子が、次々に生まれました。

現代にも続く「華麗なる国＝フランス」というイメージをつくりあげたロココ時代のヒロイン、ポンパドール夫人は、46年、42歳の短い生涯を閉じました。

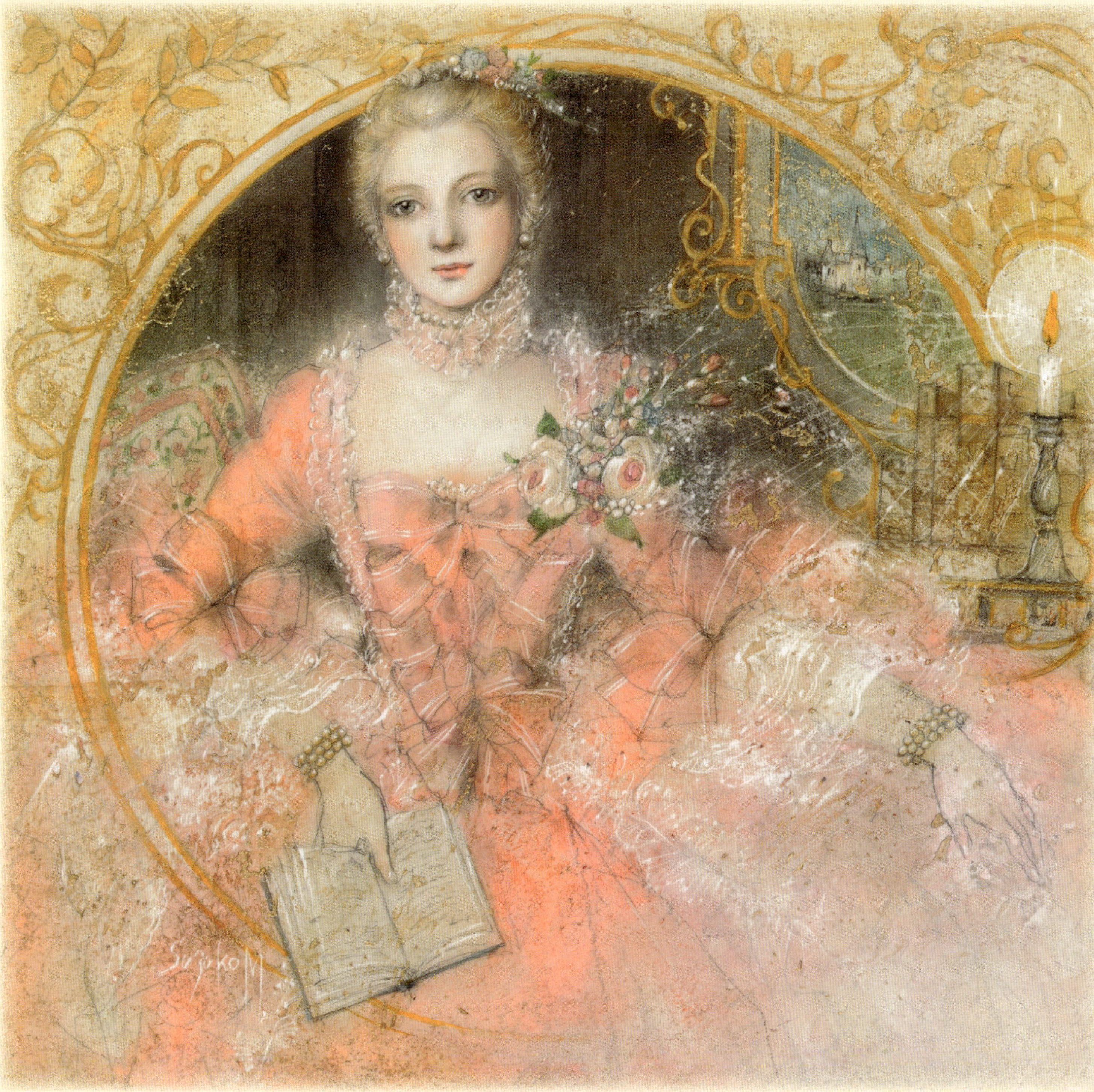

## ポンパドール夫人のアイスクリーム

農業国であるフランスでは、昔から質のよい材料が簡単に手に入りました。ポンパドール夫人のころには、それらの材料を使ったアイスクリームが流行しました。

ボンブ形（砲弾形）に形作ったアイスクリームにセーブル焼の人形が飾られた「ポンパドール夫人のアイスクリーム」は、アイスクリームに生クリームをドレスのフリルのように飾りつけ、その上に人形をのせると、貴婦人の姿に見えるというユニークなデザートです。

また、「ベークドアラスカ」は、アイスクリームを厚い層のメレンゲで包んだデザートです。ブランデーをかけて、お客さまの前でフランベ（火をつけてアルコールを燃やす）してみせる演出に、ルイ15世はびっくりしたといわれます。ポンパドール夫人は、人をあきさせないおもてなしの達人でした。

今回は、基本のアイスクリームの作り方を紹介しますので、自分らしさをプラスしてみましょう。

## 材料

### 6人分

| | |
|---|---|
| 牛乳 | 500ミリリットル |
| 生クリーム | 250ミリリットル |
| バニラビーンズ | 1本 |
| 卵黄 | 6個分 |
| グラニュー糖 | 150グラム |
| （「オリゴのおかげ」を使う場合は、グラニュー糖100グラム、「オリゴのおかげ」50グラム） | |
| ホイップクリーム | 適量 |
| フルーツ（イチゴ、ブルーベリーなど） | 適量 |
| ミント | 適量 |

## 道具

- なべ
- ボウル
- 泡立て器
- ふるい
- バット
- スプーン
- しぼり袋　など

## 作り方

1. なべに、バニラビーンズをさやから種をしごき出して入れ、牛乳、生クリームを加え、ふっとう直前まで温めて、火を止める。

2. ボウルに、卵黄、グラニュー糖を入れ、泡立て器で白っぽくなるまですりまぜる。

3. 1を2のボウルへ、まぜながら少しずつ加えていく。全体がまざったら、再びなべへもどし、弱火にかけ、とろみがつくまで温める。

4. とろりとしてきたら火からおろし、ふるいで裏ごしをし、氷水にあてて、しっかり冷やす。

5. 4が冷えたら、バットに流し入れ、冷凍庫へ入れる。

6. バットの周りが固まってきたら、泡立て器で全体をしっかりまぜ、再び冷凍庫で凍らせる。3～4回くり返し、きめの細かいアイスクリームを作る。

7. アイスクリームをスプーンを使って器に盛りつけ、ホイップクリーム、フルーツ、ミントなどで飾る。

## ロシアの黄金時代を築いた偉大な女帝

### *Ekaterina*
# エカテリーナ2世

1729～96年

　世界地図を広げると広大な国土を持つロシアが目にとまりますね。この国が歴史の表舞台に登場できたのは、18世紀の女帝エカテリーナ2世のおかげでしょう。

　エカテリーナは、1729年5月2日、ドイツのシュテッティン（現在はポーランド）の貴族の娘として生まれました。小さいときからお姫さまになることを夢見ていた女の子は、45年、16歳のときにロシア帝国の皇太子ピョートルと結婚します。しかし、この結婚は愛のない生活でした。ピョートルは、おもちゃの軍隊で戦争ごっこをしているような人だったといわれています。一方、頭がよくて、がまん強く、野心家でもあったエカテリーナは、ロシアの言葉や文化をすぐに身につけ、あっという間に国民の心をつかんでいきました。

　62年、夫はピョートル3世として即位すると、エカテリーナを皇后の座からおろそうとしました。ちょうどそのころ、ロシアはプロイセン（今のドイツ）と戦争中でした。戦況は優位に立っていたのに、ピョートルは突然停戦し、プロイセンに有利になることを運んでしまいます。この一件は、ロシア軍人や貴族の反感を買い、結果、クーデター（武力で政権をうばうこと）が起こり、ピョートルは退位。エカテリーナが女帝の座につくことになりました。偉大な女帝として34年間君臨し、67歳で亡くなるまで理想の国づくりを目指しました。

　サンクトペテルブルクのエルミタージュ美術館には、エカテリーナが集めた美術品が収められています。黄金時代を築いたエカテリーナ2世の偉大さを今に伝えています。

55

## フレーズ・ア・ラ・ロマノフ

フランスのルイ14世の時代や、ルイ16世のきさきマリー・アントワネットにあこがれていたエカテリーナ2世は、フランスの食文化を好んでとり入れました。おいしい果物がとれるフランスには新鮮な果物を使ったデザートがたくさんありますから、このイチゴの美しいデザートを見たエカテリーナは、夢のようなお菓子だと感じたことでしょう。寒冷地のロシアでもイチゴはとれましたから、フランスから招いた料理人に命じて作らせたのが「フレーズ・ア・ラ・ロマノフ」といわれます。

フレーズ・ア・ラ・ロマノフは、イチゴクリームの原型といわれています。イチゴに生クリームをかけただけのように見えますが、実はイチゴをよりおいしくするためのひと工夫が……。イチゴをグラニュー糖とオレンジのしぼり汁、オレンジリキュールにひたして、冷蔵庫で少し休ませるだけで、よりおいしく変身するのです。

豊かな香りをまとったかがやくようなイチゴのデザートは、ロマノフ王家の人々に代々愛されていきました。

## 材料

### 4人分

| | |
|---|---|
| イチゴ | 300グラム |
| グラニュー糖 | 15グラム |
| （「オリゴのおかげ」の場合 | 15グラム） |
| オレンジのしぼり汁 | 1個分 |
| オレンジリキュール | 小さじ1 |
| **ホイップクリーム** | |
| 　生クリーム | 200グラム |
| 　グラニュー糖 | 15グラム |

## 道具

- ボウル
- ざる
- 泡立て器
- しぼり袋　など

## 作り方

1. イチゴを洗い、ヘタを切り落とす。水気はふきとっておく。

2. ボウルに、イチゴ、グラニュー糖、オレンジのしぼり汁、オレンジリキュールを入れ、軽くまぜ合わせる。

3. 2をボウルのまま冷蔵庫に入れて、30分以上つけておく。

4. 別のボウルでホイップクリームを作る。生クリームを入れ、グラニュー糖を少しずつ加えながら、泡立て器でもったりと泡立てる。

5. 右の写真を参考にして、器にイチゴと、しぼり袋に入れたホイップクリームで盛りつけていく。

### ワンポイントレッスン

しぼり袋を写真のように持ち、軽く力を入れてしぼり出す。手の熱でクリームがボソボソにならないように手早くしぼるのがコツ！

## 革命に散ったベルサイユの可憐なバラ

*Marie Antoinette*

# マリー・アントワネット

### 1755～93年

歴史の中のお姫さまを考えるとき、真っ先に思いうかぶのは、フランス王ルイ16世のきさきだったマリー・アントワネット妃ではないでしょうか？

アントワネットは、1755年11月2日、オーストリア女帝マリア・テレジアの子どもとして誕生します。青くかがやく瞳、灰色がかったブロンドの髪。愛くるしく陽気なお姫さまは、周囲の愛情を受けながら、何の不自由もなく、美しく成長していきます。

その後の華麗さの中に悲劇的な結末をむかえるという大きなドラマは、当時、ヨーロッパで最大の勢力を持つオーストリアのハプスブルク王家と、フランスのブルボン王家との政略結婚から始まりました。14歳の美しい花嫁は、沿道をうめつくしたフランス民衆の歓声でむかえられます。そのとき、20数年後にののしりの声を浴びながら同じ道を通ることになるなどとだれが想像したでしょう。

ベルサイユ宮殿での暮らしはぜいたくをきわめ、宮殿の庭に咲く大輪のバラのように華やかな日々を送ります。ぜいを尽くしたアントワネットのドレスや髪形、食器や調度品、好んで味わったお菓子などは、「アントワネット様式」と呼ばれる形式美をつくりあげ、後世に大きな影響を与えることになります。

やがて、アントワネットのむだづかいは、国の財政に負担をかけたと思われてしまい、飢えに苦しむ民衆の反感を買ってしまいました。

その後、1789年にフランス革命が起こり、アントワネットは革命の嵐にのみこまれます。93年10月16日、パリ革命広場の断頭台で、37歳の生涯を閉じました。その折のき然とした王妃としての姿が語り伝えられています。

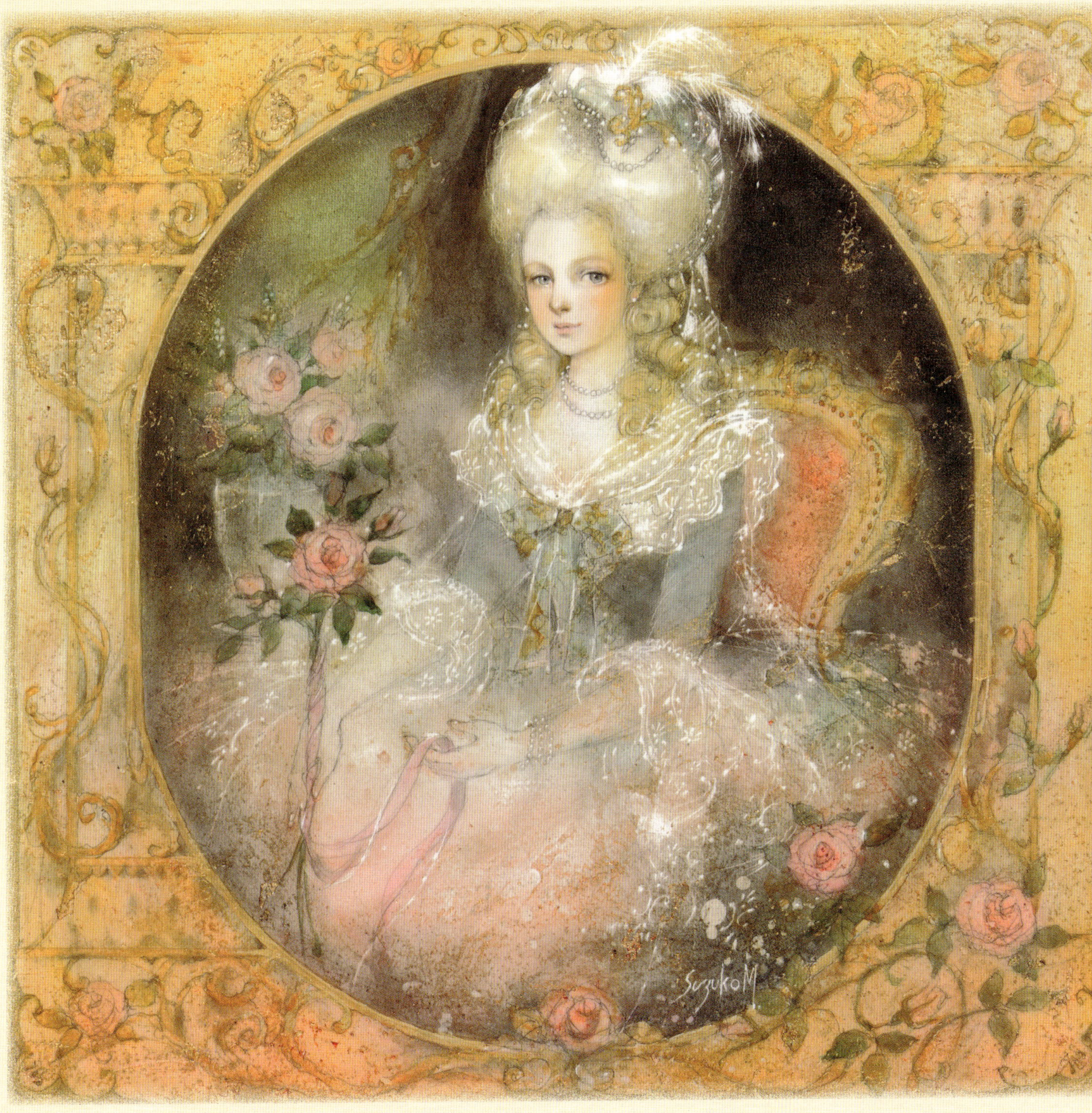

## クグロフ

クグロフは、古くからフランスの北東部、ドイツと接するアルザス地方に伝わる素朴なお菓子です。17世紀には、ルイ15世のきさきマリー・レクチンスカの父で、ポーランド王のスラニスラス・レクチンスキー王が毎日食べていたという記録が残されています。外はデニッシュのようにサクサクしていて、中はブリオッシュのようにしっとりしています。独特の山形は、クグロフ型という中心に穴のあいた専用の型を使って作ります。

レシピは、マリー・アントワネットがウィーンから持ちこんだといわれ、当時、宮廷のファッションリーダーだったアントワネットが好んだお菓子として、ヨーロッパ中に広がり、大流行しました。アントワネットが愛したお菓子には、華やかなババロアのデザート「シャルロット・マリー・アントワネット」や、卵白と砂糖を泡立てて焼いた「メレンゲ」などがあります。プチ・トリアノンの離宮で、アントワネット自身が「メレンゲ」を焼いたというお話も残されていて、母としての一面を伝えています。

## 材料

### 15センチクグロフ型1台分

| | |
|---|---|
| 強力粉 | 150グラム |
| 砂糖 | 20グラム |
| 塩 | 3グラム |
| ドライイースト | 3グラム |
| 牛乳（人肌に温めたもの） | 15ミリリットル |
| 卵 | 1個 |
| 牛乳 | 35ミリリットル |
| 無塩バター | 45グラム |
| レーズン | 35グラム |
| オレンジピール | 35グラム |
| バター | 適量 |

## 道具

クグロフ型
泡立て器
はけ
ボウル
食品用ラップ　など

## 作り方

1. クグロフ型に、やわらかくしたバターをはけでぬる。

2. ドライイーストと人肌に温めた牛乳15ミリリットルを泡立て器でよくまぜる。

3. 強力粉、砂糖、塩をボウルに入れ、まぜる。

4. 別のボウルに卵と牛乳35ミリリットルをよくまぜてから3に入れ、さらに2を入れる。粉っぽさがなくなり、ひとかたまりになるまでこねる。

5. 室温にもどし、やわらかくしておいた無塩バターを細かくしながら4に入れて、生地がなめらかになるまでしっかりこね、レーズン、オレンジピールを加える。

6. 生地がこねあがったら、ラップをかけて28度ぐらいの場所で、生地が約2倍になるまで40〜50分発酵させる。

7. 生地がふくれたら、手で優しくおしてガスをぬく。

8. クグロフ型に生地をそっと入れ、食品用ラップをかけて35度ぐらいの場所で30分ほどさらに発酵させる。

9. 発酵が終わったらラップをはずし、180度に予熱しておいたオーブンで35〜40分焼く。

## ナポレオンに熱愛された美と知恵と力

*Joséphine de Beauharnais*

# ジョゼフィーヌ・ド・ボアルネ

### 1763～1814年

ジョゼフィーヌは、1763年、西インド諸島にあるマルチニーク島で生まれました。家柄は貴族でしたが、生活には困っていたといわれます。79年、パリで最初の夫、ボアルネ子爵と結婚。二人の子どもにめぐまれましたが夫婦仲は悪く、4年後には離婚してしまいます。その後、夫だったボアルネ子爵は、89年に始まったフランス革命で処刑されてしまいます。

革命後、パリ市民の武器所有が禁止されたため、ジョゼフィーヌは、夫の遺品であるサーベルを政府に渡します。しかし、息子のウジェーヌは、父の形見であるサーベルを渡すことはできないと、ナポレオンに直訴。父への思いを熱く語る少年の姿にナポレオンは深く感動し、サーベルを返したといわれます。このような少年を育てた母親にむしょうに会いたくなったナポレオンは、ジョゼフィーヌと運命的な出会いをします。ひと目ぼれしてしまったナポレオンの熱烈な求愛にこたえ、96年に結婚。その後、ナポレオンは戦いに勝ち続け、フランスに大きな栄光をもたらします。

1804年、功績をたたえられたナポレオンは、ついに皇帝の座につきます。一方、皇后となったジョゼフィーヌは、宮廷の花として咲きほこり、集まった人たちは、彼女をながめるだけでため息をついたといわれます。しかし幸せもつかの間、10年、世継ぎができないことを理由にジョゼフィーヌは、離婚させられてしまうのでした。

ジョゼフィーヌは、美しさの中に、生きる知恵と「生」のエネルギーを持っていたお姫さまともいえるでしょう。14年、ナポレオンがエルバ島に流された直後、50歳でこの世を去りました。

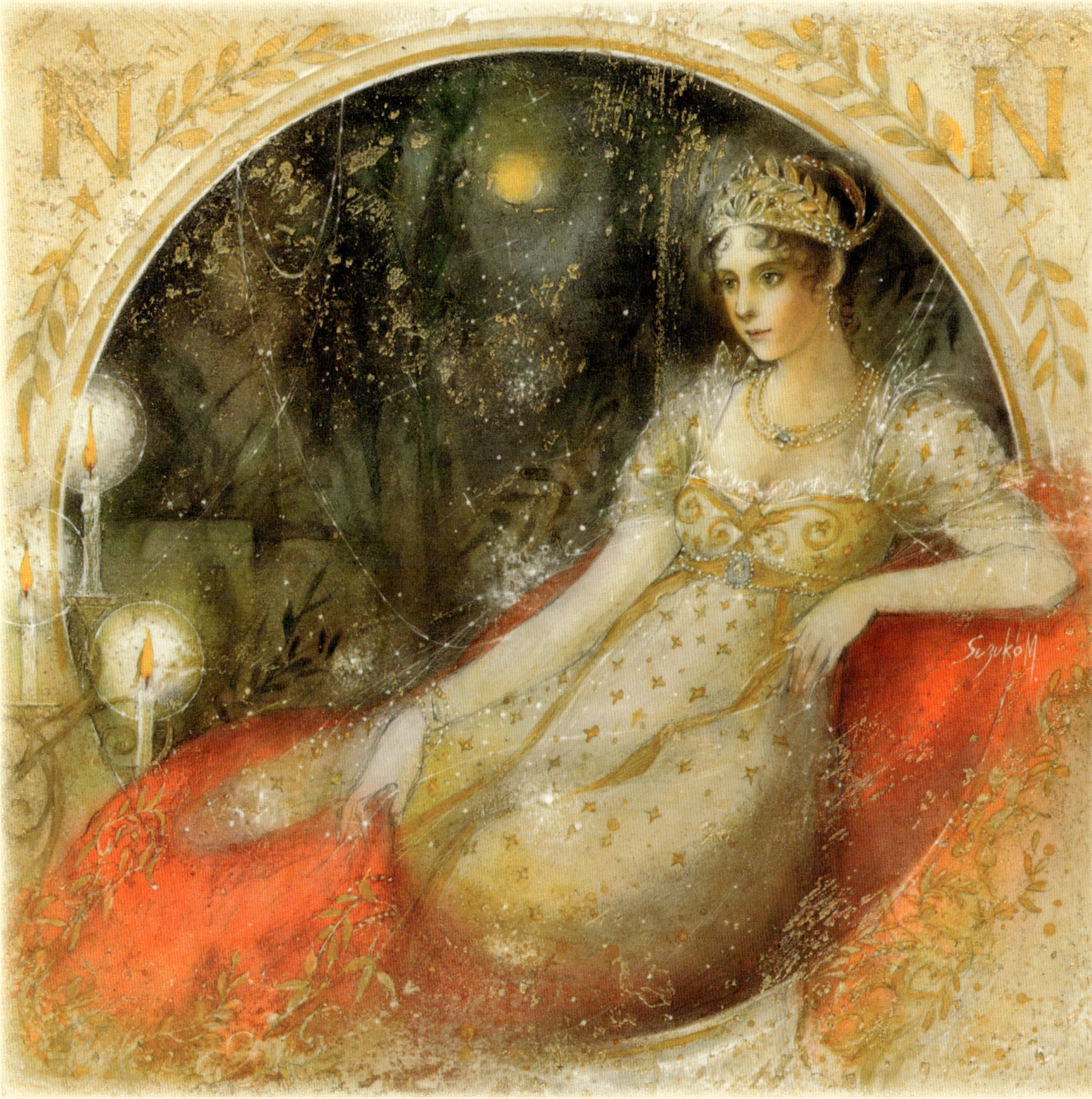
N
N
SuzukoM

## デコレーションケーキ

ジョゼフィーヌが開くパーティーには、美しい花や、はなやかでおいしいお菓子が所せましと並んだそうです。スポンジケーキをバタークリームで飾って仕上げるデコレーションケーキは、今ではお誕生日や結婚式などのお祝いには定番になったお菓子です。デコレーションケーキの起源は、オーストリアのリンツの町で生まれた「リンツァートルテ」だといわれます。「リンツァートルテ」は、世界で最も古いケーキともいわれ、17世紀の料理の本には、すでにレシピが紹介されています。その後、スポンジ風の丸い形のケーキが、ドイツで生まれます。

大小のスポンジケーキを重ねて、バタークリームの花で着飾ったデコレーションケーキは、宮廷サロンの花だったジョゼフィーヌにぴったりのお菓子だと思いませんか？

## 材料

**18センチ、12センチ2段分**

| | |
|---|---|
| 市販のスポンジケーキ　18センチ、12センチ | ……各1台 |
| 無塩バター　……………………………… | 230グラム |
| 卵白　……………………………………… | 2個分 |
| グラニュー糖　…………………………… | 100グラム |
| 食用色素　………………………………… | 適量 |
| マジパン　………………………………… | 適量 |

## 道具

- ボウル
- 泡立て器
- ゴムべら
- しぼり袋　など

## 作り方

1. ボウルに無塩バターを入れ、室温にもどし、やわらかくしておく。

2. 無塩バターがやわらかくなったら、泡立て器でふんわりとするまでよくまぜる。

3. 別のボウルに卵白を入れ、しっかりと泡立てる。

4. 3にグラニュー糖を2回に分けながら加え、メレンゲを作る。

5. メレンゲの中に2を少しずつ加え、全体がなめらかなクリーム状になるまでよくまぜる。

6. スポンジケーキに5のクリームをゴムべらでぬる。

7. 18センチのスポンジケーキの上に12センチのスポンジケーキを重ね、クリームを少量しぼり袋に入れ、写真のようにケーキを飾る。

8. マジパンに食用色素で色をつけ、花の形を作り、ケーキに飾る。

# 「午後のお茶」を広めた社交界の花

## Anna Maria Russell, Duchess of Bedford
## ベッドフォード公爵夫人 アンナ・マリア

1783～1857年

「紅茶の国」イギリスには、「アフタヌーンティー」を楽しむ習慣があります。アフタヌーンティーとは、その名前の通り「午後のお茶」のことで、午後4時ごろ～6時ごろまでにいただきます。この習慣をつくったのが、ベッドフォード公爵夫人、アンナ・マリアだといわれます。

アンナ・マリアは、1783年、ハリントン伯爵の長女として生まれました。1808年、第7代ベッドフォード公爵のフランシス・ラッセルと結婚。夫のベッドフォード公爵は、アンナ夫人を心から愛していましたので、二人は仲むつまじく暮らしました。

ある日、社交家であったベッドフォード公爵は、ロンドン郊外の館にパーティーを催しました。その席には、ビクトリア女王もおいでになり、館に3日間滞在されたという記録が残されています。

アンナ夫人は、心優しく、話上手な女性でしたから、貴族社会でとても人気がありました。ガーデニング（園芸）や、演劇、刺しゅうなどの話で盛り上がり、お客さまを喜ばせていたそうです。

19世紀中ごろのイギリスの貴族社会では、夕食は午後9時ごろでした。その前の時間帯は、音楽会やオペラ観劇などにあてられていて、夕食は遅かったのです。そこで、おなかがすかないようにとの配慮から考案されたのが、アフタヌーンティーの習慣です。紅茶といっしょに軽食をとることが目的でしたが、優雅なお茶会は、やがて貴族の女性たちの社交の場として広がりをみせていきました。アンナ夫人は、57年に亡くなるまで、社交界の花としてかがやいていたということです。

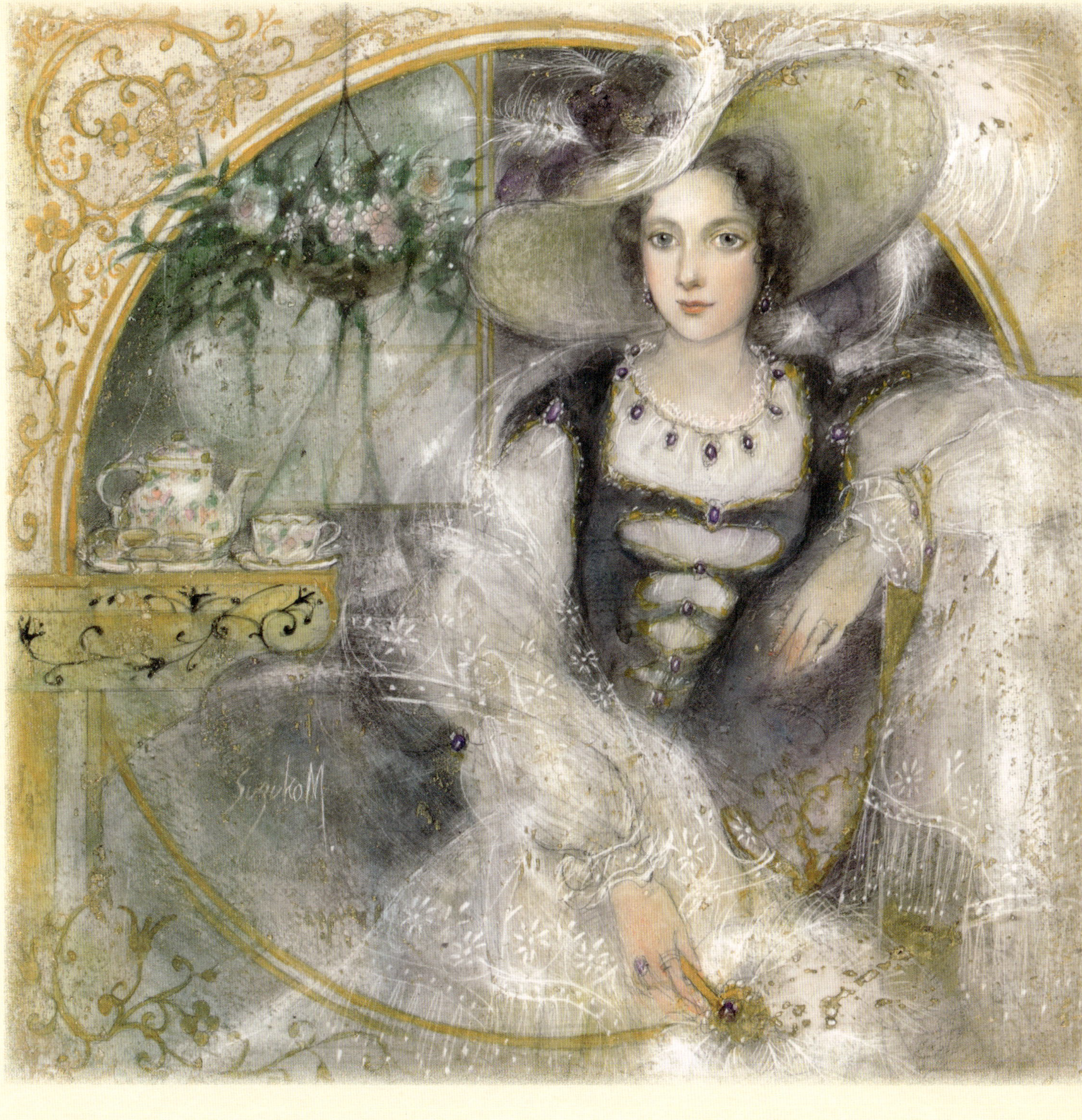
SuzukoM

## スコーン

アフタヌーンティーは、紅茶とともにサンドイッチ、スコーン、菓子（ケーキ類）が3段トレーにのって登場します。その中でスコーンは、アフタヌーンティーには欠かせない重要なものです。

スコーンは、小麦粉、バター、牛乳、ベーキングパウダーなどをまぜ合わせて焼いた、丸い小形のパンです。焼き立ての豊かなバターの香りがするスコーンには、イチゴジャムやクロテッドクリームが添えられます。スコーンは、小さいものほど上品なんですよ。

「クロテッドクリーム」というのは、乳脂肪分が60〜70％ある固形状のクリームです。「クロテッド」とは「固まった」という意味。脂肪分の高い牛乳を煮つめて一晩ねかせると、表面に脂肪分が固まるので、それを集めて作ります。

食べ方は、スコーンの横の裂け目を手で割り、イチゴジャムやクロテッドクリームをのせて、2、3口で食べましょう。通の人は、「クリームティー」といって、スコーンだけで紅茶をいただくこともあります。

今回は、イギリスの貴族の家に伝わるスコーンの作り方を紹介しますね。

## 材料

**直径5センチのもの 9〜10個分**

| | |
|---|---|
| 薄力粉 | 150グラム |
| 強力粉 | 80グラム |
| ベーキングパウダー | 5グラム |
| グラニュー糖 | 30グラム |
| 塩 | ひとつまみ |
| 無塩バター | 60グラム |
| 卵（Mサイズ） | 1個 |
| 牛乳 | 80グラム |
| 打ち粉 | 適量 |
| 牛乳（つや出し用） | 適量 |

## 道具

- ボウル
- ふるい
- ナイフ
- ゴムべら
- 食品用ラップ
- ケーキ用まな板
- めん棒
- スコーン型
- はけ　など

## 作り方

1. 薄力粉、強力粉、ベーキングパウダーは、合わせて、ふるっておく。

2. 無塩バターを1センチ程度の角切りにしておき、しっかりと冷蔵庫で冷やしておく。

3. 大きめのボウルに1の粉、2の無塩バターを入れる。グラニュー糖、塩も加え、ゴムべらを使い、バターを切るようにまぜる。

4. 無塩バターのかたまりが小さくなり、粉のようにぱらぱらになったら、卵と牛乳を加える。さっくりとまぜ合わせ、ひとまとめにし、食品用ラップで包み、冷蔵庫で1時間ほどねかせる。

5. 打ち粉をした台に、ねかせた生地をのせ、1.5センチ程度の厚さに広げる。型でぬき、つや出しの牛乳をうすくぬり、180度に温めておいたオーブンで15分焼く。

## アフタヌーンティー

優雅で上品なお茶の時間を楽しむアフタヌーンティー。
まさにお姫さま気分を味わえるひとときです。
アフタヌーンティーでは、紅茶のほかに、サンドイッチ、スコーン、
お菓子（ケーキ類）などが、3段のケーキスタンド（トレイの一種）にのせられて
出てきますが、これはアフタヌーンティー用に開発されたもので、
ビクトリア女王時代からのきまりごとではありません。もともとは、サンドイッチなどが
のったお皿がテーブルに並べられていました。ケーキスタンドは、せまいテーブルを有効に
活用するために生まれたアイデアだったのです。また、アフタヌーンティー用の
サンドイッチは、「耳を切りおとした白い食パンに、具はキュウリのみ」と
いうのが正式といわれますが、今はほかの材料もはさみます。

## 紅茶の歴史

お茶の起源は中国です。ヨーロッパにお茶がもたらされたのは17世紀初めです。
オランダの東インド会社によって、中国から緑茶が伝えられました。17世紀半ばごろには、
イギリスに持ちこまれましたが、イギリスでは、緑茶より発酵度の強い紅茶が好まれ、
貴族社会で人気を高めていきました。紅茶は、銀のポットから
美しい陶磁器のカップに注ぐのが理想です。
ミルクを入れる習慣は、17世紀後半にフランスで
始まり、イギリスに伝わったといわれます。

**世界三大銘茶**
・ダージリン（インド）
・ウバ（スリランカ）
・キーマン（中国）

写真=「王様のおやつ」(サロン・ド・テ・ミュゼ イマダミナコ)

第3章

気品と伝統を伝えるお菓子

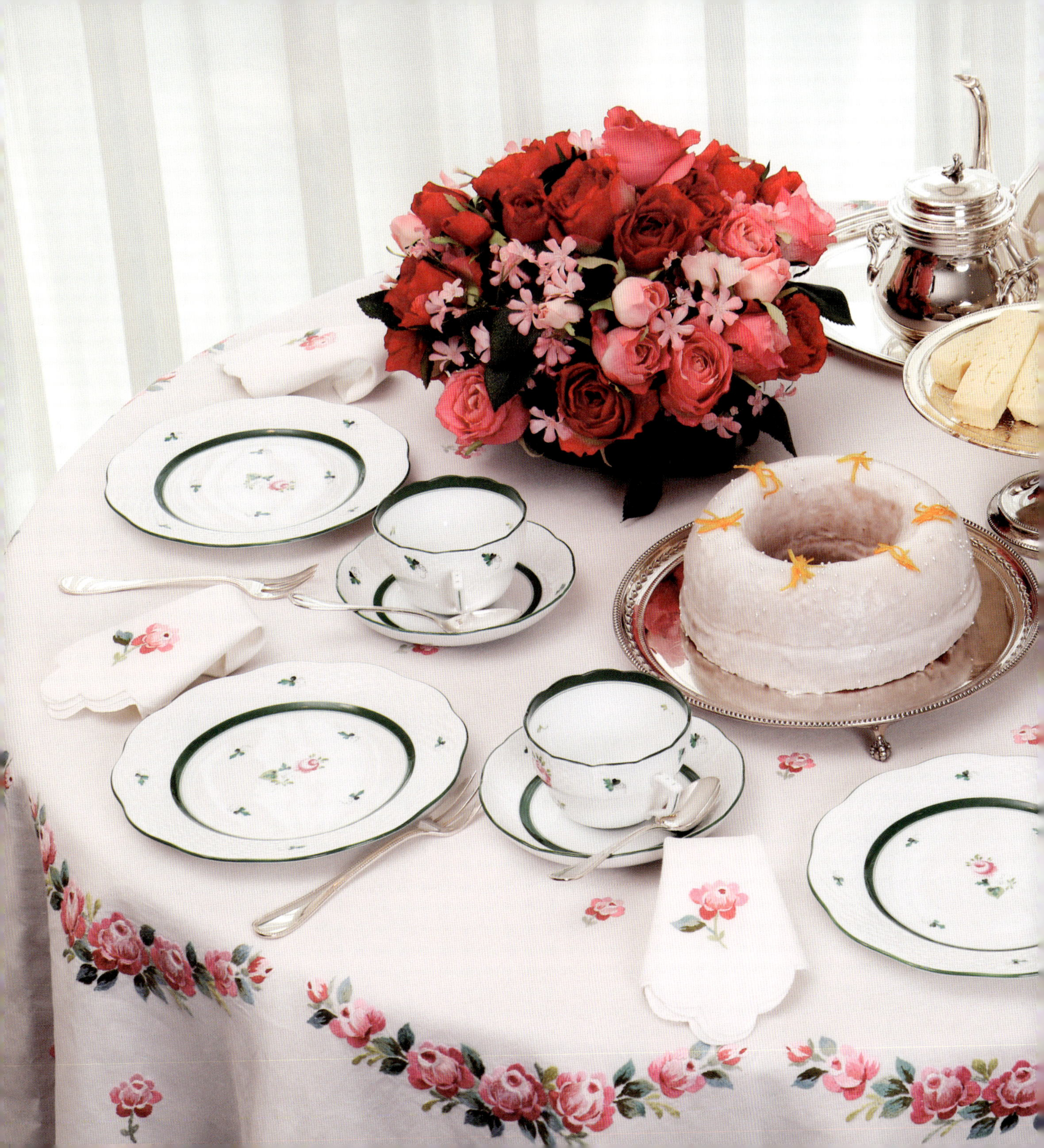

## お茶や文化にも優れた「勝利の女王」

### *Victoria*
### ビクトリア女王

1819〜1901年

19世紀、世界の七つの海を制覇していたのは、イギリスでした。この最も繁栄していたときに王位についていたのが、ビクトリア女王です。イギリスでは、「国を女性が治めるとき、繁栄する」といわれますが、ビクトリアは、その名前「ビクトリア（勝利）」通り、イギリスに栄光をもたらしたお姫さまです。

ビクトリアは、ジョージ3世の4男、ケント公エドワードとドイツ人の母との間に生まれました。ビクトリアが誕生したとき、占師が「この子はやがて女王になる」と予言したという話が残されています。イギリスでは、王の子どもで最年長の男子が王位を継承するのが基本でしたが、エドワードの兄が次々に亡くなり、父のエドワードもすでに亡くなっていましたので、男子がいなくなり、最年長の女子が王位を継承することになり、ビクトリアが王位継承者になりました。

1837年、18歳で即位。予言が実現します。40年には、いとこのアルバートと結婚。当時としてはめずらしい恋愛結婚でした。ビクトリアは、夫を心から愛し、夫もビクトリアをいつくしみ、公私にわたり彼女を支えました。二人は9人の子どもにもめぐまれ、幸せな生活を送ります。

しかし、61年、アルバートが亡くなると、ビクトリアは悲しみのどん底につきおとされてしまいます。悲しみは深く、それ以後は、黒い宝石の「ジェット」を身につけて過ごしたといわれます。すべてをイギリスにささげたビクトリアは、政治や経済の面だけではなく、ティータイムの導入など、文化面でも優れた才能を発揮しました。81歳で亡くなるまで国民に愛された女王さまでした。

75

## ショートブレッド

ショートブレッドは、白っぽい、厚みのある軽い食感のクッキーで、スコットランド地方の伝統菓子です。この場合の「ショート」とは「短い」ではなく、「さっくりした」とか「軽い」という意味です。

古くは結婚式にかかせないお菓子で、くだいてまく風習がありました。かけらを拾うと花嫁にあやかって結婚ができるといい伝えがあったので、若い娘たちは競ってこの「幸せのかけら」を拾い集めました。

ショートブレッドは、紅茶に合うお菓子です。イギリスは「紅茶の国」として有名ですが、「ティータイム（お茶の時間）」を王室から庶民にも広めたのは、ビクトリア女王でした。

当時、インドなどの植民地から、一番茶（ファーストフラッシュ）を女王さまにめしあがっていただこうと、帆船は競って本国イギリスを目指しました。一方、国内では産業革命をむかえ、機械化のおかげで工業製品の大量生産ができるようになりましたが、労働者は同じ作業のくり返しで意欲を失っていました。それを心配したビクトリア女王は、リフレッシュのためにさまざまなお茶を楽しむ時間をとり入れるように提案します。ティータイムの習慣は、女王さまとの一体感を国民に生み出しました。

## 材料

### 15枚分

| | |
|---|---|
| 薄力粉 | 250グラム |
| 上新粉 | 150グラム |
| 無塩バター | 200グラム |
| グラニュー糖 | 60グラム |
| 塩 | 1グラム |

※「上新粉」……お米の粉。うるち米を原料にした上質の粉のこと

## 道具

- ボウル
- 泡立て器
- ふるい
- ゴムべら
- ケーキ用まな板
- めん棒
- ナイフ
- フォーク　など

## 作り方

1. 無塩バターを室温にもどし、やわらかくする。

2. ボウルに無塩バター、グラニュー糖、塩を入れて、泡立て器で白っぽく、ふんわりするまでよくまぜる。

3. 薄力粉と上新粉をふるいにかけ、2のボウルに入れ、ゴムべらでまぜる。

4. 3の生地を台の上に移し、手で厚さ1.5センチぐらいにのばす。四角に形を整えて、冷蔵庫で冷やし、固める。

5. 冷えた生地をナイフで切り分け、生地の上からフォークでしっかり穴を開ける。

6. 160度に温めておいたオーブンで20分焼く。焼き色をつけずに、白っぽく焼くのがポイント。

## ヨーロッパで最も美しかった「現代っ子」

### *Elisabeth*
# エリザベート皇妃

1837〜98年

「美しいお姫さまはだれ?」という質問に、多くの人がオーストリア皇妃エリザベートと答えるのではないでしょうか。エリザベートは、19世紀のヨーロッパで最も美しいお姫さまだったといわれる美貌の持ち主です。

1837年12月24日、エリザベートは、ドイツのバイエルン貴族の娘として誕生します。「シシィ」と呼ばれたエリザベートは、自然や芸術を愛する美しい娘に成長していきました。

53年、オーストリアの保養地イシュルで、皇帝フランツ・ヨーゼフ1世に見初められ、翌年、16歳で結婚。

しかし、自由を愛するエリザベートには、しきたりの厳しいハプスブルク家の宮廷生活は、息がつまるものでした。宮廷での実権は皇帝の母ゾフィーがにぎっていて、生まれた子どもの王子もとりあげられるありさま。ゾフィーには、自分の美しさで対抗するのが一番だと気づいたエリザベートは、美容に徹底してみがきをかけるようになります。皇妃としての仕事も積極的に果たしますが、それは心の穴をうめてくれるものではありませんでした。

精神的に追いこまれたエリザベートは、旅に出るようになり、いつしか「旅の皇妃」と呼ばれるようになっていました。ハプスブルク家に影を落とすように王子ルドルフが自殺。そして、98年、スイスのレマン湖でエリザベートは暗殺されます。60歳でした。

「オーストリアは何を残したか?」の問いに、オーストリア人は、「それはエリザベート」と答えるほど、今でも国民に愛され続けるエリザベート。型にはめられることをきらい、わが道を生きたエリザベートは、現代っ子ともいえるお姫さまでした。

79

## スミレ色のババロア

口に運ぶと、とろりと溶けるババロアは、フランス語です。「バイエルンの」という意味が示すように、ドイツのバイエルン地方で生まれたお菓子です。バイエルン地方の貴族たちは、ババロアを好んで食べていたという資料が残されていますから、少女のころのエリザベートも、もちろん喜んで口にしていたにちがいありません。牛乳、卵黄、砂糖をまぜて煮て、ゼラチンで冷やし固めたこの美しい冷菓は、17世紀ごろまでは「ババリアンクリーム」と呼ばれる飲み物でした。この飲み物にゼラチンが加えられ、ババロアが誕生しました。

スミレは、ドイツでは「春の使者」といわれ、むらさき色が大好きだったエリザベートが愛した花です。薬効成分もあったので、砂糖づけにしたスミレの花びらを好んで食べていました。

80

## 材料（4人分）

- 牛乳 ……………………120グラム
- 卵黄 ……………………2個分
- グラニュー糖 …………60グラム
- 板ゼラチン ……………7グラム
- ブルーベリーのピューレ ……20グラム
- 生クリーム ……………150グラム
- 生クリーム（飾り用） …………少量
- 食用の花 ………………………少量

## 道具

- ボウル
- 泡立て器
- なべ
- ふるい
- ガラスの器
- しぼり袋　など

## 作り方

1. 板ゼラチンは、水にもどしておく。

2. ボウルに卵黄とグラニュー糖を入れ、泡立て器でよくすりまぜる。

3. なべに牛乳を入れ、火にかけ、ふっとうする直前で火を止める。

4. 温めた牛乳を2に少しずつ加え、まぜる。まぜたらもう一度、なべにもどし、弱火で温める。

5. とろみが出たら火を止め、1のゼラチンを加える。

6. 5をふるいでこしてから、氷水にあてて冷やす。

7. 6が冷えたら、ブルーベリーのピューレを加えてまぜる。

8. 生クリームを氷水で冷やしながら、泡立て器で七分立てに泡立てる。

9. 7に8を加え、ふんわりとまぜ合わせる。

10. ガラスの器などに流し入れ、冷蔵庫で冷やし固める。

11. 固まったババロアの上に、ホイップした生クリームをしぼり、食用の花びらを飾る。

## 悲劇の皇后を国民がなぐさめようと…

### Victolia Adelaide Mary Louise
## フリードリヒ3世皇后 ビクトリア

1840～1901年

ビクトリアは、イギリスを治めていたビクトリア女王の長女として、1840年に生まれました。「ビッキー」と呼ばれたお姫さまは、父のアルバート公の知性を受けつぎ、かしこくて、気品ある美しい女性へと成長していきます。「もし男の子だったら偉大な君主になったことだろう」という話が残っているほどですから、その才能がどれだけだったか想像できますね。

母のビクトリア女王は、国の発展のためにと、子どもたちをヨーロッパ各地の王家と結婚させて、結びつきを強める政策をとっていました。ビクトリアはドイツ出身の父やドイツびいきの母のすすめもあり、58年、17歳のとき、ドイツ皇帝でプロイセン王であるウィルヘルム1世の王子フリードリヒ(後のフリードリヒ3世)と結婚。その後、8人の子どもにめぐまれました。ビクトリアは、病院づくりや慈善事業にも積極的に取り組み、国民に尊敬される皇太子妃になりました。

88年、ウィルヘルム1世が亡くなると、夫がフリードリヒ3世として即位。ビクトリアは皇后になります。ところが幸せもつかの間、フリードリヒ3世は、即位してわずか99日で亡くなってしまったのです。

「悲劇の皇后」になったビクトリア。悲しみにくれるビクトリアを多くの国民が心配しました。「ビクトリアをなぐさめようと、たくさんのおいしい食べ物が次々にささげられた」という記録からも、ビクトリアが国民に愛されていたことがわかります。

1901年、母ビクトリア女王が亡くなると、ビクトリアはこの年、後を追うように永遠の眠りにつきました。

83

## フリードリヒ皇后トルテ

　白いアイシングがかけられた気品ただよううフリードリヒ皇后トルテは、「ビクトリアのバターケーキ」とも呼ばれます。このトルテ（ケーキ）は、ドイツのほかのお菓子とは、全くちがっていました。ドイツでは、純粋な材料だけを使うのが普通でしたから、生地をふくらませるためにベーキングパウダー（膨張剤）などの化学食品を使うようなことはしませんでした。ベーキングパウダーを使うのは、イギリス風のお菓子の作り方でした。それなのになぜこのようなトルテを作ったのでしょうか？　それには理由がありました。

　ビクトリアが皇后になって100日たらずで夫のフリードリヒ3世が亡くなってしまいます。ビクトリアの心をなぐさめるために国民からささげられたお菓子の一つが、このトルテだといわれます。「生まれ故郷のイギリスを思い出せば、皇后さまは元気をとりもどすはず」と信じ、紅茶に合うイギリス風のトルテを作りました。国民に心から愛されたビクトリアをしたう国民の思いをトルテを見ていると、ときをこえて聞こえてくるような気がしますね。

## 材料

**18センチエンゼル型1台分**

| | |
|---|---|
| 薄力粉 | 140グラム |
| コーンスターチ | 35グラム |
| ベーキングパウダー | 2グラム |
| 卵黄 | 4個分 |
| グラニュー糖 | 50グラム |
| 卵白 | 4個分 |
| グラニュー糖 | 90グラム |
| サラダ油 | 200グラム |
| 粉糖 | 250グラム |
| 湯 | 大さじ1 |
| レモン汁 | 大さじ1 |
| 卵白 | 大さじ1 |
| アラザン | 少々 |
| オレンジピール | 少々 |

## 道具

18センチエンゼル型
ボウル
ふるい
泡立て器　など

## 作り方

1. 薄力粉、コーンスターチ、ベーキングパウダーを合わせて、ふるっておく。

2. 卵黄と卵白は分け、卵黄にグラニュー糖50グラムを加えて、泡立て器でよくすりまぜる。

3. 2の中へサラダ油を少しずつ加えながら、じゅうぶんに泡立てる。

4. 別のボウルに卵白を入れ、グラニュー糖90グラムを加え、メレンゲを作る。

5. 3の中に4のメレンゲを加えてまぜ、そこへ1も加え、さっくりとまぜる。

6. 5の生地を型へ流し入れ、180度に熱したオーブンで焼く。途中、焼き色がついたら170度に下げ、35～40分焼く。

7. 粉糖をふるい、湯、レモン汁、卵白を加えて、泡立て器でしっかりまぜ、アイシングをつくる

8. 焼き上げたケーキに、アイシングをたっぷりとかけ、上にアラザンとオレンジピールを飾る。

## ロマノフ王朝最後の 人気となぞの姫

### Anastasia Nikolaevna
# アナスタシア・ニコラエヴナ皇女

1901～18年

世界一広い国土を持つロシアは、18世紀後半、ロマノフ王朝エカテリーナ2世の時代に栄華をきわめました。その偉大な女王の血を引くロマノフ王朝最後のお姫さまが、アナスタシア皇女です。

1901年、アナスタシア・ニコラエヴナは、ロシア皇帝ニコライ2世とアレクサンドラ皇后の4女として生まれました。4人姉妹の中で一番小柄でしたが、性格は明るく、活発で、ひょうきんなところがあるお姫さまでした。人気者のアナスタシアの周りには、いつも笑い声があふれていて、「パスハ」や、イチゴのデザート「フレーズ・ア・ラ・ロマノフ」などのお菓子を家族で楽しんだといわれています。

しかし、幸せな宮廷生活も次第にかげりをみせていきました。ロマノフ王朝の支配に対して貧しいロシア民衆のいかりは、日に日にふくれあがっていました。そして、05年の「血の日曜日事件」をきっかけに、17年には、「ロシア革命」が起きます。革命では、労働者や兵士が立ちあがり、ニコライ皇帝一家はとらえられてしまったのです。こうして約300年続いたロマノフ王朝は幕を下ろし、歴史上初めて社会主義政権が誕生しました。

18年、「皇帝一家を処刑せよ」との命令が下ります。17歳のアナスタシアは、監禁されていたエカテリンブルクの館で、両親や家族といっしょに銃殺されました。

しかし、後年、姉と弟の遺骨が発見されたのですが、アナスタシアのものは見つからなかったので、処刑されずに生きのびたのではないかという伝説が生まれました。アナスタシアの死は、今でもなぞとして語りつがれています。

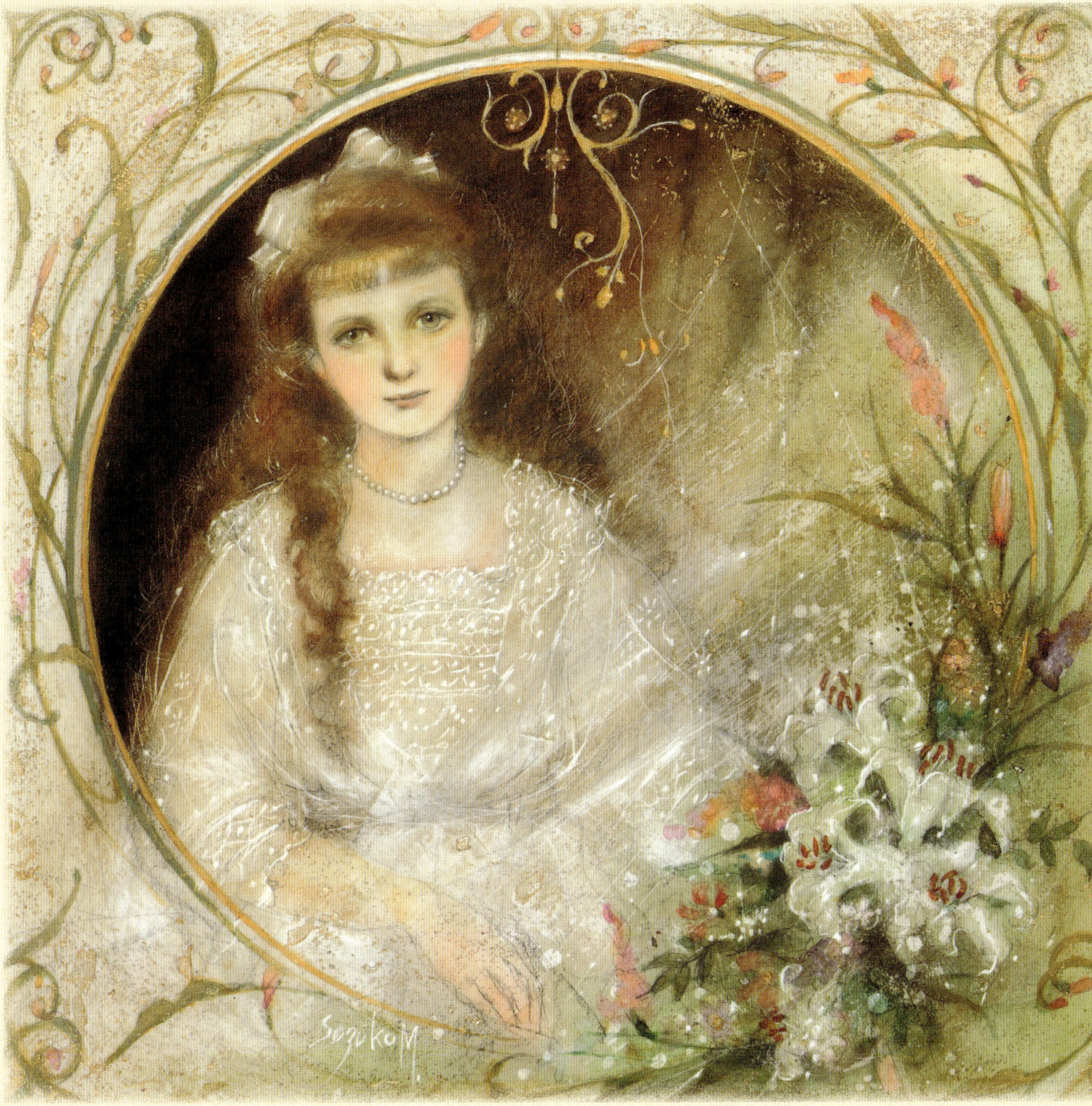
SozokoM.

## パスハ

「パスハ」＝写真右＝は、正教会の復活大祭に食べるチーズを使った甘いデザートで、「クリーチ」という円筒形のケーキ＝写真左＝といっしょに食べます。「パスハ」のもともとの意味は、ハリストス（キリスト）の復活をお祝いする祭り「復活大祭」のこと。復活の喜びを表すこの白いお菓子は、チーズや生クリームなどの乳製品や砂糖を材料にして生地を作り、専用の木型でピラミッドの形に仕上げます。

復活大祭前の約40日間を「大斎」といって、信者の人たちは、ぜいたくをつつしみ、祈りをささげて過ごします。食事も、砂糖やお肉、乳製品をひかえるのですから大変です。復活大祭前の週は「受難の一週間」といいますが、この週の木曜日には、ドライフルーツやナッツの入ったクリーチを焼き、土曜日の朝までにパスハが準備されます。

今回は、簡単にできるレシピを紹介しますね。寒い冬を越しておとずれた喜びの春を、パスハを食べながらいっしょに楽しみましょう。

## 材料

**5、6人分**

| | |
|---|---|
| カッテージチーズ（裏ごしタイプ） | ……300 グラム |
| 無塩バター ……………… | 60 グラム |
| 生クリーム ……………… | 100 グラム |
| グラニュー糖 …………… | 50 グラム |
| オレンジピール ………… | 30 グラム |

**飾り用**

| | |
|---|---|
| ホイップクリーム ………… | 適量 |
| オレンジピール …………… | 適量 |
| 食用の花 …………………… | 適量 |

## 道具

- ボウル
- 泡立て器
- ナイフ
- ゴムべら
- ざる
- キッチンペーパー
- 皿　など

## 作り方

1. ボウルにやわらかくした無塩バターとグラニュー糖を入れ、泡立て器でふんわりと、白っぽくなるまでまぜる。

2. 1へカッテージチーズを少しずつ加え、よくまぜる。きざんだオレンジピールも加える。

3. 別のボウルに生クリームを入れ、泡立て器で七分立てまで泡立てる。

4. 2のボウルへ3の生クリームを加え、ゴムべらでさっくりとまぜ合わせる。

5. 小さめのざるに、キッチンペーパーをしいて4を流し入れる。上にもキッチンペーパーをかぶせるように置き、水分が切れるように上からギュッとおさえる。

6. 5を皿にのせ、冷蔵庫で2～3時間冷やし固める。

7. 固まったら盛りつける皿に移し、形をピラミッド形に整える。写真のようにホイップクリーム、オレンジピール、食用の花を飾る。

# 豊かな小国で、美術品と人々を守る

## *Marie Aglaë*
## マリー・アグラーエ公妃

1940年〜

オーストリアとスイスにはさまれるようにリヒテンシュタイン公国があります。とても小さな国ですが、美しく、経済的に豊かな国です。この国を治めているのが、リヒテンシュタイン家です。もともと、オーストリア・ハプスブルク家の家臣でしたが、18世紀初めに自治権を得ました。首都ファドーツの高台には、元首であるハンス・アダム2世公爵のお城が立っていますが、その城主夫人がマリー・アグラーエ公妃です。

1940年、マリーは、今のチェコの首都プラハで生まれました。父は、フェルディナント・カール・キンスキー伯爵で、ボヘミア（チェコ西部地方）の上流貴族だったキンスキー・フォン・ヴヒニッツ・ウント・テッタウ侯爵家の一族でした。

45年、家族とともに西ドイツに亡命。ヴァルト女子修道院が経営する寄宿学校で育ちます。その後、イギリスやフランスに留学して語学を習得。かしこくて、美しい女性に成長したマリーは、印刷会社に勤めていた65年、ハンス・アダム皇太子と婚約します。67年に結婚。皇太子妃としての務めを果たしながら、母として4人の子どもを育てました。私は、86年にマリー妃にお会いしましたが、気品をそなえた優しいお人柄を今でも覚えています。

89年、夫がハンス・アダム2世公爵として即位すると、マリー妃は公妃になりました。2004年には、アロイス皇太子が摂政（国家元首代行）になり、全権をゆずられましたが、マリー公妃は今なお、ヨーロッパの至宝である3万点もの美術品を保護しながら、慈善活動にも精力的にとり組む日々を過ごしています。

LIECHTEN
STEIN

### バニラ・キュッフェル

三日月形のバニラ・キュッフェル（キプフェル）は、さっくりとした、口あたりのよいクッキーです。キュッフェルは、オーストリアや、ドイツのバイエルン地方で、三日月や角形のことを意味します。ドイツ語では「ヘルンヒェン（小さな角）」ともいわれます。同じ形をしたものにフランスのクロワッサン（三日月）がありますが、オーストリアが発祥のパンなんですよ。ルイ16世妃のマリー・アントワネットがフランスに伝えたともいわれています。

バニラ・キュッフェルは、クリスマスの時期によく焼かれます。特徴である三日月形は、馬てい（馬のひづめ）の形が縁起がよいからだとも、オーストリアがトルコ軍を撃退した勝利の記念として、トルコ国旗の三日月を表したともいいます。

オーストリアと強いつながりがあるリヒテンシュタインでは、飾りたてたお菓子ではなく、素朴なオーストリアの伝統菓子が好まれ、バニラ・キュッフェルも日常的に食べられています。香ばしいアーモンドと甘いバニラの香り、サクサクとした食感のバニラ・キュッフェルは、マリー妃お気に入りのお菓子です。

## 材料

**18個分**

| | | |
|---|---|---|
| 皮つきアーモンド | …… | 30 グラム |
| 無塩バター | …… | 75 グラム |
| 粉糖 | …… | 40 グラム |
| 薄力粉 | …… | 90 グラム |
| アーモンドプードル | …… | 30 グラム |
| バニラエッセンス | …… | 少々 |
| **仕上げ** | | |
| 粉糖 | …… | 適量 |

※「アーモンドプードル」……アーモンドの粉のこと。アマンドプードルともいう

## 道具

- ボウル
- フードプロセッサー
- 木べら
- 泡立て器
- ふるい
- ナイフ　など

## 作り方

1. ボウルに無塩バターを入れ、室温でもどし、やわらかくしておく。

2. 皮つきアーモンドをオーブンで軽くいり、フードプロセッサーなどでややあらめにきざむ。

3. 1の無塩バターを木べらでクリーム状に練り、粉糖を加え、泡立て器で、白っぽく、ふんわりするまでまぜる。その中にバニラエッセンスを加える。

4. 薄力粉とアーモンドプードルをふるいにかけ、3に加える。さらに2のきざんだアーモンドを加える。

5. 4の生地を18等分し、手で丸めてから棒状にし、三日月の形に整える。

6. 天パンに並べ、170度に温めたオーブンで約15分焼く。

7. 焼きあがったら、粉糖を軽くふりかける。

## 17世紀の名城を持つ現代の「お菓子姫」

### Cristina de Vogüé
# クリスティーナ・デ・ヴォギュエ伯爵夫人

フランスの首都パリから東に約50キロの地に、威厳にみちたヴォー・ル・ヴィコント城がたたずんでいます。私が訪れたこのお城の主人がクリスティーナ・デ・ヴォギュエ伯爵夫人です。結婚するときに、夫のヴォギュエ伯爵から城をおくられました。

クリスティーナは、イタリア貴族の血をひく外交官の父と、ロシア人の母との間に生まれました。13～15世紀ごろのイタリア、ナポリ王国までさかのぼる家柄で、ロシアの王室にもつながりがあります。気品を備えた美しい女性に成長したクリスティーナは、フランス人のヴォギュエ伯爵と結婚します。

ヴォギュエ伯爵家は、お菓子には欠かせない「ベーキングパウダー（菓子などの生地をふくらませる粉）」の権利で財産をつくった一族です。住まいのヴィコント城は、ルイ14世の時代に財務大臣を務めたニコラ・フーケが建てたお城でした。建築家のル・ヴォー、画家のル・ブラン、造園家のル・ノートルら一流の才能を集めてつくらせたお城は、17世紀バロック建築の傑作といわれています。

この城に招かれたルイ14世は、あまりのすばらしさに嫉妬。不正をして財力を持ったと疑われたフーケは、逮捕され、終身刑を告げられてしまいました。ヴィコント城を忘れられないルイ14世が、自分のためにヴィコント城と同じ技術者のメンバーにつくらせた城こそがベルサイユ宮殿です。ヴィコント城がなければ、ベルサイユ宮殿は存在しなかったわけです。

お菓子作りが大好きなクリスティーナは、本を出すほどの腕前で、「お菓子のお姫さま」と呼ばれています。お菓子でおもてなしをしながらお城の歴史を語りついでいます。

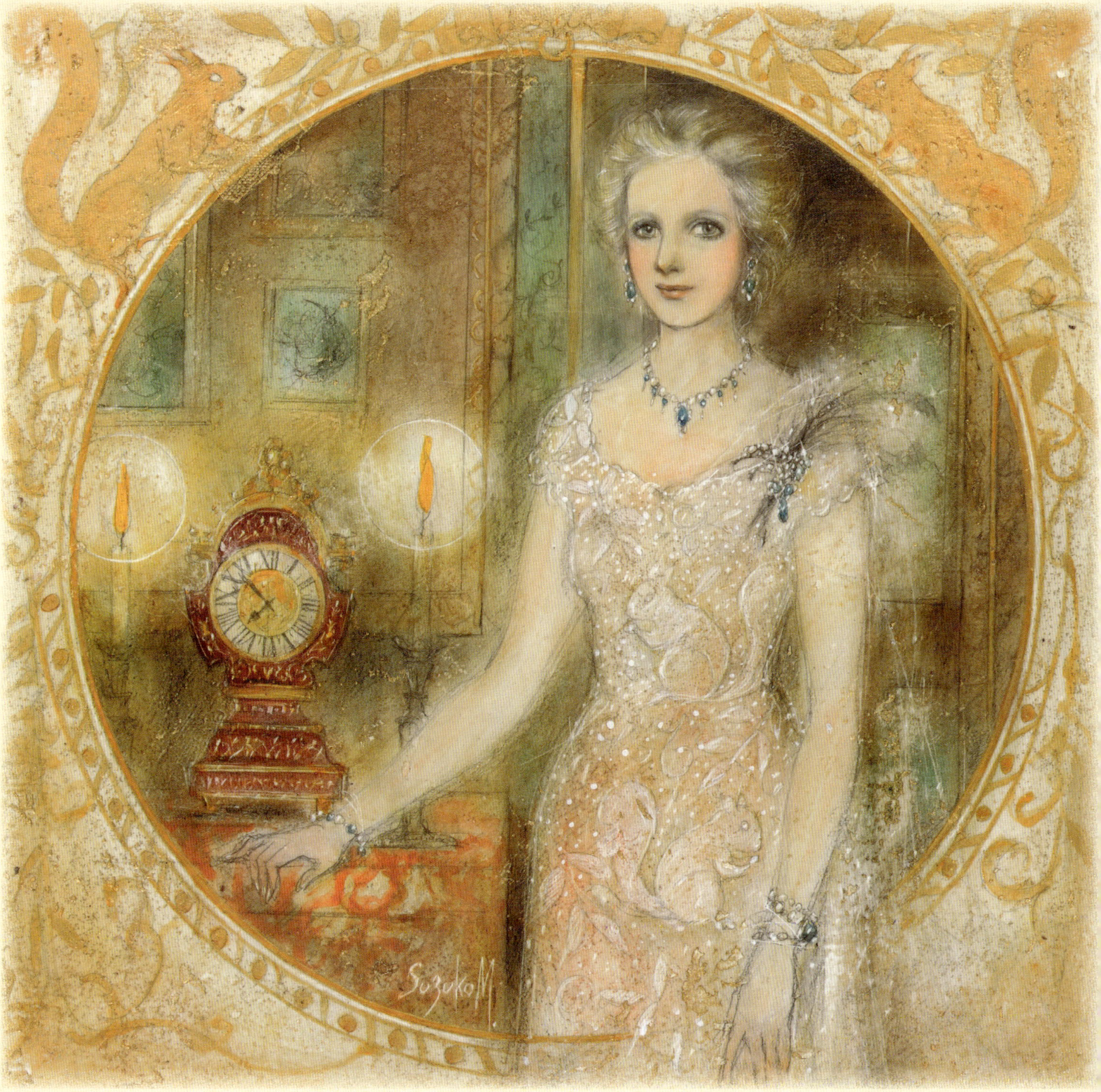
SuzukoM

## パン・デピス

スパイスの香りが広がるパン・デピス（スパイスのパン）は、フランス・ブルゴーニュ地方のディジョンや、シャンパーニュ地方のランスの町で有名なお菓子です。10世紀ごろに中国で作られたという、小麦粉とはちみつを使ったお菓子が起源だといわれます。やがて中東から、11世紀に十字軍によってフランドル地方（主に今のベルギー西部）へ伝わりました。

フランスで食べられるようになったのは、14世紀。フランドルのマルグリット王女が、ブルゴーニュ公国のフィリップ3世と結婚したときからだとされます。はちみつだけでなく、さまざまなスパイスも加えて作られるようになりますが、高価なスパイスを使って作るパン・デピスは、その町が繁栄していることの証しでもあったのです。

フランス全土で親しまれるお菓子になったパン・デピス。ヴォギュエ伯爵夫人のパン・デピスは、豊かな香りと少しかためな食感が、紅茶にとてもよく合います。それは、まるでフランスのかがやかしい繁栄と、ヴィコント城の歴史の重さを表しているようです。

## 材料

**18センチパウンド型1台分**

| | |
|---|---|
| 強力粉 | 100グラム |
| 薄力粉 | 60グラム |
| ベーキングパウダー | 10グラム |
| 無塩バター | 40グラム |
| 牛乳 | 30ミリリットル |
| はちみつ | 150グラム |
| 卵 | 1個 |
| グラニュー糖 | 50グラム |
| シナモンパウダー | 小さじ1 |
| ナツメグ | 小さじ1 |
| コショウ | 少々 |

## 道具

- 18センチパウンド型
- ボウル
- ふるい
- 小なべ
- 泡立て器
- クッキングペーパー
- 竹ぐし　など

## 作り方

1. 強力粉、薄力粉、ベーキングパウダーに、シナモンパウダー、ナツメグ、コショウを合わせ、ふるいにかける。

2. 小なべに、無塩バター、牛乳、はちみつを入れ、無塩バターが溶けるように軽く温める。

3. ボウルに卵、グラニュー糖を入れ、泡立て器でほぐすようにまぜる。その中に2を加えてよくまぜる。

4. 3のボウルに1の粉を加え、そのまま泡立て器で全体がなめらかになるようにまぜる。

5. 型にオーブン用のクッキングペーパーをしき、4の生地を流し入れ、180度に温めておいたオーブンで40分ほど焼く。

**ワンポイントレッスン**

生地に火が通ったかは、生地に竹ぐしをさしてみて、ぬいたときに竹ぐしに生地がついていなければOK!

## ブルボン家の栄華や心を今に伝える
## *Tania de Bourbon-Parme*
# タニア・ド・ブルボン・パルム

1961年〜

華麗なる国、フランスをつくりあげたのは、1589年、アンリ4世から始まるブルボン王朝です。ルイ14世（1638〜1715年）時代に絶頂期をむかえますが、1789年に始まったフランス革命でルイ16世が処刑され、ブルボン王朝は幕を閉じました。

1814年、ルイ16世の弟がルイ18世として再び王位につきましたが、30年に起きた7月革命で、フランスにおけるブルボン家の支配は終わります。しかし、政略結婚によって、スペインや、イタリアのナポリ、シチリア、パルマで、ブルボン家の血脈は受けつがれ、今も続いています。

プリンセス・タニア・ド・ブルボン・パルムさんは、アンリ4世の子孫です。デンマークの王室ともつながりがある、21世紀のお姫さまです。お母さまは、マリナ・ド・ブルボンさんで、紅茶の普及につくした方として有名です。

ノルマンディー地方のロックブランにあるタニアさんの館におじゃましたとき、ブルボン家に伝わるエレガントなおもてなしと、プロトコール（国際儀礼）を教えていただきました。ディナーをいただきながら、気分はまさにベルサイユの貴婦人！

タニアさん愛用のアビランド社の食器は、大統領官邸・エリゼ宮でも使われている、フランスを代表するリモージュ産の陶磁器です。リモージュは、古くから陶磁器の産地で、ブルボン家の人々は、リモージュ焼を保護し、愛用してきました。

タニアさんは、広くプロトコールを教えたり、リモージュ焼を保護したりしながら、ブルボン家の歴史や食文化、ブルボン家の心を次世代に伝える役目を果たしています。

99

## プリンセスの白いムース

農業国でもあるフランスは、昔から良質な牛乳や果物がとれました。ルイ14世の時代には、新鮮な牛乳や、おいしい果物が、ベルサイユ宮殿に届けられていました。

また、18世紀につくられた離宮のプチ・トリアノンには、畑があって、そこでは野菜や果物が作られ、牛も飼われていました。きらびやかな宮殿での暮らしがいやになったルイ16世妃のマリー・アントワネット（1755〜93年）は、その食材を使ってお菓子作りを楽しんだといわれます。

ヨーグルト味の「プリンセスの白いムース」は、真っ白で美しく、口に運ぶとひんやりとなめらかで、宮廷の貴婦人たちに大人気だったそうです。タニアさんは、その当時を伝えるお菓子を通してブルボン家の栄華を伝えています。

**ムース**
泡立たせた生クリームや卵白を使い、ふんわり作ったお菓子のこと

## 材料

**18センチ丸型1台分**

| | |
|---|---|
| 市販のスポンジケーキ（18センチ） | ……1台 |
| 生クリーム | ………………150グラム |
| A ┌ 牛乳 | …………50ミリリットル |
| │ グラニュー糖 | ………30グラム |
| │ （「オリゴのおかげ」の場合 ……30グラム） | |
| │ 板ゼラチン | …………10グラム |
| │ プレーンヨーグルト | ……200グラム |
| └ レモン汁 | …………小さじ1 |
| B ┌ 卵白 | ………………1個分 |
| └ グラニュー糖 | ………30グラム |
| フルーツ | …………………適量 |

## 道具

18センチ丸型（底がぬけるタイプ）
ボウル
ナイフ
耐熱容器
泡立て器
ゴムべら　など

## 作り方

1. 板ゼラチンは、水につけ、ふやかしておく。

2. スポンジケーキを厚さ1センチぐらいに2枚切り、1枚は、直径15センチぐらいの丸い形に切る（今回使うのはこの2枚。残りはほかに利用を）。

3. 耐熱容器に材料Aの牛乳、グラニュー糖を入れ、電子レンジ（500ワット）で1分温める。

4. ふやかした板ゼラチンの水気をしっかり切り、3に加えてとかす。

5. ボウルに生クリームを入れ、泡立て器で八分立てにする。

6. 別のボウルに材料Bの卵白とグラニュー糖を入れ、泡立て器でふんわり泡立ててメレンゲを作る。

7. 別のボウルにプレーンヨーグルトを入れ、4を加えてまぜる。その中にレモン汁を加え、さらに5と6を加えて、ゴムべらで泡をつぶさないように、ふんわりとまぜてムースを作る。

8. 18センチのケーキ型（底がぬけるタイプ）に、大きい方のスポンジケーキをしき、7のムースを半分だけ流しこむ。形を整えてから、中心部に小さい方のスポンジケーキを重ね、残りのムースを流し入れる。表面を整えて、冷蔵庫で2～3時間冷やし固める。

9. 固まったら型からはずし、上にフルーツを飾る。

# あとがき

## だれからも愛される伝統のお菓子

同じ形と名前で、何世紀にもわたり親しまれているお菓子を「伝統のお菓子」といいます。20世紀に入ってから、ドイツ、オーストリア、スイス、フランス……と、次々に国立の製菓学校ができ、修業を積んだ人たちがお菓子屋さんを開いて、正しい伝統のお菓子を世界中の人々に伝えるようになりました。

伝統のお菓子の中で、地名のついたお菓子は、その土地の果物を使った親しみやすいものです。また、人名のついたお菓子は、王妃や貴婦人たちが実際にかかわった上質の雰囲気が伝わるお菓子で、どちらも時空をこえてみんなに愛され続けています。

## 宮廷でかがやいたお姫さまのお菓子

ヨーロッパの芸術文化を最初に開花させたのは、イタリアの大富豪、メディチ家の力によるものです。メディチ家の14歳のカトリーヌ姫が、フランスバロア朝のアンリ王子（後のアンリ2世）と結婚したのをきっかけに、社交の舞台がフランスに花開きます。

やがて、ブルボン朝の時代になると、ベルサイユ宮殿が中心になり、王妃ばかりでなく、王をとりまく貴婦人たちが考えた、はなやかで、ユニークなおもてなしのお菓子が誕生し、ヨーロッパ中に広がっていくようになりました。

## 伝統は永遠の流行

1789年、フランス革命によって長く続いたフランスの王政は終止符を打ちます。ブルボン朝のおしまいを飾ったマリー・アントワネットなどの物語は、今でも大層人気があります。同じころイギリスでは産業革命が起こり、19世紀半ばからのビクトリア女王の時代に栄光のときをむかえます。市民生活にもティータイムの習慣が広がっていき、紅茶といっしょにお菓子が楽しまれるようになりました。

この本では、中世から20世紀までのお姫さまのほかに、私が実際に出会い、親交をもつ現代のプリンセスが伝えるお菓子も紹介しました。歴史と品格をたたえるお菓子から「伝統は永遠の流行」であることを感じとっていただければうれしく思います。

## 簡単な作り方と健康を考えて

この本では全体のお菓子を小形でシンプルなデザインにし、現代風にアレンジしました。また、健康にもよいお菓子にするために、整腸作用があり、上品な甘みが特長の甘味料「オリゴのおかげ」を一部使っています。簡単に、おいしいお菓子が作れるように工夫されていますので、気軽に作って、お姫さまの世界を楽しんでください。ご紹介したお菓子のいくつかは、「サロン・ド・テ・ミュゼ イマダミナコ」（東京・新宿高島屋4階）で味わうこともできます。

結びに、美しいお姫さまの絵を描いてくださった牧野鈴子さんに心から感謝いたします。出版にあたり、朝日学生新聞社の沖浩社長、編集部の平松利津子さんのお力添えにお礼を申し上げます。

2013年 秋　今田美奈子

## 今田美奈子（いまだ・みなこ）

東京生まれ。白百合短期大学英文科卒業。ヨーロッパ各国の国立製菓学校やホテル学校で学ぶ。2003年にテーブルアートでフランス国家より芸術文化勲章、2011年に製菓・技術で農事功労勲章を受章。一般社団法人「国際食卓芸術アカデミー協会」会長。2009年、東京・新宿髙島屋4階にミュージアムスタイルのティーサロン「サロン・ド・テ・ミュゼイマダミナコ」をオープン。日本ペンクラブ会員。著書に、「ヨーロッパお菓子物語」（朝日学生新聞社）、「貴婦人が愛した食卓芸術」（角川書店）、「新セレブリティのテーブルマナー」（主婦の友社）、「縁は器なもの」（中央公論新社）、「お姫さま養成講座」（ディスカヴァー・トゥエンティワン）ほか多数。

## 牧野鈴子（まきの・すずこ）

熊本生まれ。熊本短期大学美術コース卒業。絵本や童話などの挿画のほか、個展や企画展にむけての制作を続けている。1979年、月刊「詩とメルヘン」第5回サンリオ美術賞受賞。83年、創作絵本「森のクリスマスツリー」でボローニャ国際児童図書展エルバ賞推奨。84年、絵本「おはいんなさい えりまきに」でサンケイ児童出版文化賞受賞。日本児童出版美術家連盟会員。

---

# お姫さまお菓子物語

2013年9月30日 初版第1刷発行

著者　今田美奈子
絵　牧野鈴子
発行者　吉田由紀
編集　平松利津子
装丁・DTPデザイン　李澤佳子
写真　渡辺英明（朝日学生新聞社）
編集協力　佐々木道子、玉木ゆり、富貴大輔（朝日学生新聞社）
　森井多佳子、武田徳子（今田美奈子食卓芸術サロン）
お菓子制作協力　馬田陽子、星麻衣子、レイチェル・ペリマン、石川玲衣（サロン・ド・テ・ミュゼイマダミナコ）
シュガーデコレーション（表紙）制作　吉田泰子、山口由実子
協賛　塩水港精糖株式会社「オリゴのおかげ」
発行所　朝日学生新聞社
　〒104-8433 東京都中央区築地5-3-2
　電話　03-3545-5227（販売部）
　　　　03-3545-5436（出版部）
　http://www.asagaku.jp（朝日学生新聞社の出版案内など）
印刷所　図書印刷株式会社

---

©MINAKO IMADA　©SUZUKO MAKINO　Printed in Japan　ISBN 978-4-907150-09-9

本書の無断複写・複製・転載を禁じます。乱丁、落丁本はお取り換えいたします。

この本は、「朝日小学生新聞」2013年1月～6月連載の「今田美奈子のお姫さまお菓子物語」を加筆修正し、再構成したものです。